KB048131

# 야나두
# 영어회화

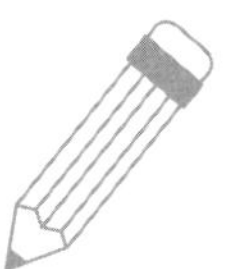

# 야나두 영어회화

## 느낌동사만 알면 야, 너두 할 수 있어!

원예나 지음

라곰

## Q. 왜 우리는 영어로 말을 못 하는 걸까요?

A. 학창 시절 영어 시간을 돌이켜볼까요? 영어를 어떻게 배웠나요? 단어를 암기하고, 문법 문제를 풀고, 지문을 분석했습니다. 여러분은 학창 시절에 영어로 말을 해본 적이 있나요? 영어 소리를 듣고 따라 해본 적은요? 우리가 영어로 말을 못 하는 것이 당연합니다. 영어로 말을 해본 적이 없기 때문에 영어로 말을 못 하는 것입니다.

## Q. 왜 원어민이 제 발음을 못 알아들을까요?

A. 우리는 학창 시절 영어를 글자로 배웠습니다. 주로 읽고, 문제를 푸는 데 시간을 할애했어요. 단어의 소리보다는 뜻과 철자에 비중을 두고 암기했기에 단어를 보면 내 마음대로 읽는 버릇이 생겨버렸어요. business는 비 유 에스 아이 엔 이 에스 에스, travel은 티 알 에이 브이 이 엘(트라벨)처럼요. 이런 식으로 암기했다면 내가 기대했던 소리와 실제 원어민의 소리는 다를 것입니다. 실제 소리를 들어보고 따라 하는 과정을 거쳐야만 잘 들을 수 있고 잘 말할 수 있습니다.

## Q. 왜 단어를 외우면 자꾸 까먹을까요?

A. 언어학자들이 주장하기를, 한 단어에 평균 일곱 번 정도는 노출되어야 내가 사용할 수 있는 단어가 된다고 합니다. 어차피 단어는 외우고 까먹고를 반복하는 과정에서 습득되기 때문에 이를 인정하고 마음을 내려놓는 태도가 중요합니다.
시차를 두고 반복하면서 '점점 내 것이 되어가는 중이다'라고 생각을 바꿔주세요. 내가 머리가 나빠서가 아니라 원래 외워도 까먹는 것이 당연하다고 생각하면 마음이 한결 편해집니다.

## Q. 왜 듣기가 안 되는 걸까요?

A. I'm a boy. I'm a student. See you again. 이런 문장은 잘 들립니다. 많이 들어본 문장이기 때문이죠. 하지만 원어민이 "포장하세요, 드시고 가세요?"라고 묻는다면 듣고 이해하기 어렵습니다. 들어본 문장은 소리 값을 알기 때문에 잘 들리고, 생소한 문장은 반복해서 들어도 소리 값을 모르기 때문에 들리지 않습니다. 읽고 해석할 수 있다고 들리는 것이 아니라 들어본 경험이 누적되어야 들리기 시작하는 것입니다.

## Q. 왜 단어는 아는데 문장이 만들어지지 않는 걸까요?

A. 음식 재료는 있는데 맛있는 음식으로 만들어내지 못하는 것과 같은 이유입니다. 레시피를 모르거나, 요리를 해본 경험이 없다면 아무리 좋은 재료가 있다 해도 맛있는 음식을 만들어낼 수 없어요.

마찬가지로 영어회화도 아무리 단어를 많이 알아도 문장을 만들어내는 법을 모르면 실력이 늘지 않습니다. 요리가 무엇을 얼마나 넣고, 어떤 순서로 조리해야 하는지가 관건이라면 영어는 어떤 단어부터 내뱉고, 어떤 순서로 늘려나가는지를 입으로 훈련하는 것이 관건입니다.

## Q. 왜 '미드'를 따라 하는데 영어 실력은 제자리일까요?

A. 영어 고급자에게 미국 드라마는 훌륭한 스승이지만 초급자에게는 그렇지 않습니다. '미드'로 영어 공부를 하면 다음 문장과 같은 수준을 훈련하게 됩니다. "I'm just trying to understand what she might have been thinking." 총 12단어로 된 이 긴 문장을 해석하면 "난 그녀가 무슨 생각을 했을지 이해하려고 해." 입니다. 초급자가 이 문장을 따라 하는 것은 이제 막 수영을 배우기 시작한 사람이 평영과 접영을 시도하는 것과 같습니다.

만약 "너희 엄마 일하시니?"라는 문장을 영어로 말할 수 없다면 쉬운 것부터 시작해야 합니다. 기초는 '쉬운 것'이 아니라 기초는 '중요한 것'입니다.

## Q. 왜 자꾸만 영어를 포기하게 될까요?

A. 수준에 맞지 않는 어려운 학습 자료와 잘못된 공부 방법으로 시작하기 때문입니다. 어려워서 이해가 되지 않고, 잘못된 방법으로 효율이 떨어질 때 발전이 없고 결국 자기 탓을 하게 됩니다. 이때 포기하는 것보다 더 무서운 것은 다시 시작할 수 있는 용기를 잃는 것입니다.

차라리 바빠서 못 한다, 게을러서 못 한다는 변명이 용기를 잃는 것보다 더 낫습니다. 자신에게 맞는 영어 공부 방법을 먼저 찾아보세요. 나는 쉽고 재미있게 하고 있는가? 이 방법대로 꾸준히 할 수 있는가? 스스로에게 질문을 던져보세요!

## Q. 야나두 학습법의 차별점은 무엇인가요?

A. 초급자의 마음을 공감하고 초급자를 위한 학습법으로 접근했습니다. 요즘에는 원어민 소리를 직접 듣고 공부할 수 있는 자료들이 많습니다. 영어 고수에게는 좋은 자료죠. 하지만 초급자에게는 그렇지 않습니다. 원어민 소리는 너무 빠르고, 이해하기 어렵습니다. 그 이유는 영어의 문장 구조를 모르기 때문이에요. 좋은 단어들과 표현들은 파편적인 정보일 뿐, 내가 활용할 수 없는 것이죠.

그렇다면 초급자에게 가장 필요한 것은 무엇일까요? 바로 패턴입니다. 패턴이란 초급자가 문장 만드는 법을 배울 수 있는 가장 쉬운 방법이에요. '원어민은 단어를 어떤 순서로 내뱉는가?'를 훈련하는 것이 패턴 학습법이에요. 패턴은 단어를 문장으로, 문장을 스토리로 말할 수 있게 하는 가장 효율적인 방법입니다.

## 1. 문법이 아닌 어법 기반입니다.

| | | |
|---|---|---|
| X | 문법 | 외워야 하는 단편적 지식 |
| O | **어법** | 원어민이 말하는 순서 |

야나두 영어회화는 문법이 아닌 어법을 기반으로 합니다. 문법이 시험을 보기 위해 외워야 하는 단편적인 지식이라면, 어법은 '원어민들은 이런 순서대로 말을 하더라'라는 말하는 방법을 의미합니다. 말하는 골격을 잡는 것이 회화에서는 가장 중요하며, 야나두 영어회화는 그 골격을 잡는 걸 목표로 합니다.

## 2. 말하는 영어가 중심입니다.

| | | |
|---|---|---|
| X | I will go. | 일상회화에서 거의 사용 안 함 |
| O | **I'll go.** | 일상회화에서 사용함 |

우리가 영어 공부에 많은 시간을 할애했음에도 말하지 못하는 건 실제 회화에 필요하지 않은 많은 것들을 배우느라 정작 중요한 것은 놓치고 있기 때문입니다. 야나두 영어회화는 일상에서 쓰는, 말하기에 필요한 것들만 배웁니다.

## 3. 느낌동사로 원어민 느낌을 살립니다.

I **gotta** work now. ‘미드’에서 가장 많이 나오는 gotta

It **can** be true. 원어민이 가장 많이 쓰는 can

사람의 인상이 얼굴, 표정, 목소리 등에서 느껴지듯 말에도 인상, 즉 느낌의 차이가 있습니다. 공손하게 권하는 것인지, 강압적인 요구인지, 동사를 어떻게 쓰느냐에 따라 달라지죠. 야나두 영어회화에서는 느낌동사를 집중적으로 다룹니다. 느낌의 차이를 잡으면 원어민처럼 말하기가 가능해집니다.

## 4. 짧게, 자주 연습해 학습 효율을 높입니다.

야나두 영어회화는 하루 10분 공부를 목표로 합니다. 성인의 평균 집중 지속 시간 22분 중 최고의 학습 효과를 위해 10분을 공부 시간으로 잡습니다. 이 책 역시 10분 강의를 한 꼭지로 구성하여 하루 10분, 부담 없이 쉽게 공부할 수 있도록 핵심만 담았습니다.

# 이 책의 구성

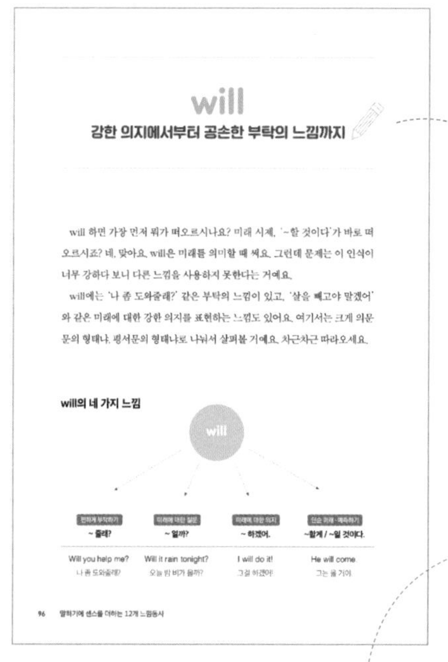

will

강한 의지에서부터 공손한 부탁의 느낌까지

will 하면 가장 먼저 뭐가 떠오르시나요? 미래 시제, '~할 것이다'가 바로 떠오르시죠? 네, 맞아요. will은 미래를 의미할 때 써요. 그런데 문제는 이 인식이 너무 강하다 보니 다른 느낌을 사용하지 못한다는 거예요.

will에는 '나 좀 도와줄래?' 같은 부탁의 느낌이 있고, '살을 빼고야 말겠어'와 같은 미래에 대한 강한 의지를 표현하는 느낌도 있어요. 여기서는 크게 의문문의 형태냐, 평서문의 형태냐로 나눠서 살펴볼 거예요. 차근차근 따라오세요.

**will의 네 가지 느낌**

| 편하게 부탁하기 | 미래에 대한 질문 | 미래에 대한 의지 | 단순 미래 · 예측하기 |
|---|---|---|---|
| ~ 줄래? | ~ 일까? | ~ 하겠어. | ~할게 / ~일 것이다. |
| Will you help me?<br>나 좀 도와줄래? | Will it rain tonight?<br>오늘 밤 비가 올까? | I will do it!<br>그걸 하겠어! | He will come.<br>그는 올 거야. |

96 말하기에 센스를 더하는 12개 느낌동사

## 본문

앞으로 배울 내용을 제목으로 먼저 파악합니다. 그 다음 설명을 읽고 내용을 익혀봅니다. 필요한 부분은 도표를 통해 이해하기 쉽게 정리해 한 눈에 파악할 수 있습니다.

## 원어민 mp3

스마트폰으로 QR코드를 찍으면 원어민의 발음을 들으며 연습할 수 있습니다.

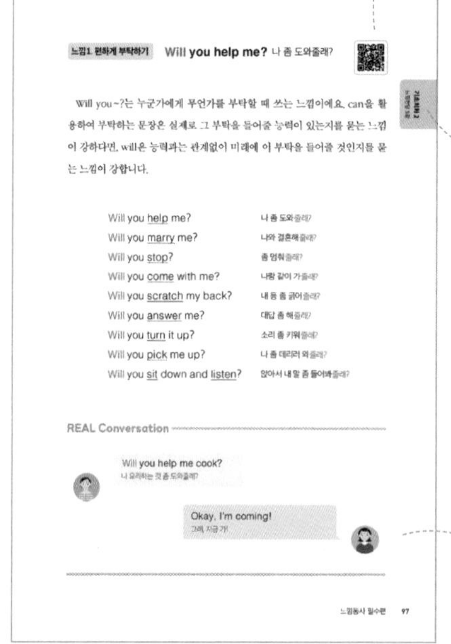

**느낌1. 편하게 부탁하기** Will you help me? 나 좀 도와줄래?

Will you~?는 누군가에게 무언가를 부탁할 때 쓰는 느낌이에요. can을 활용하여 부탁하는 문장은 실제로 그 부탁을 들어줄 능력이 있는지를 묻는 느낌이 강하다면, will은 능력과는 관계없이 미래에 이 부탁을 들어줄 것인지를 묻는 느낌이 강합니다.

| | |
|---|---|
| Will you help me? | 나 좀 도와줄래? |
| Will you marry me? | 나와 결혼해줄래? |
| Will you stop? | 좀 멈춰줄래? |
| Will you come with me? | 나랑 같이 가줄래? |
| Will you scratch my back? | 내 등 좀 긁어줄래? |
| Will you answer me? | 대답 좀 해줄래? |
| Will you turn it up? | 소리 좀 키워줄래? |
| Will you pick me up? | 나 좀 데리러 와줄래? |
| Will you sit down and listen? | 앉아서 내 말 좀 들어봐줄래? |

REAL Conversation

Will you help me cook?
나 요리하는 것 좀 도와줄래?

Okay, I'm coming!
그래, 지금 가!

느낌동사 필수편 97

## 연관 강의명

본문에 해당되는 야나두 동영상 강의 제목으로 함께 들으면 도움이 됩니다.

## REAL Conversation

대화문을 통해 배운 문장들이 실제로 어떻게 쓰이는지 연습합니다.

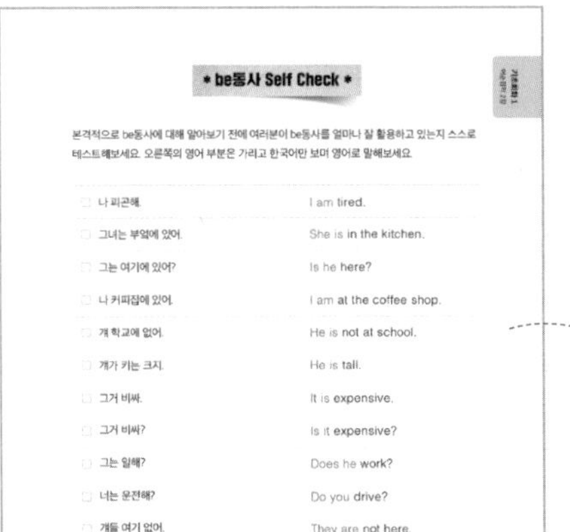

**be동사 Self Check**

본격적으로 be동사에 대해 알아보기 전에 여러분이 be동사를 얼마나 잘 활용하고 있는지 스스로 테스트해보세요. 오른쪽의 영어 부분은 가리고 한국어만 보며 영어로 말해보세요.

| | |
|---|---|
| □ 나 피곤해. | I am tired. |
| □ 그녀는 부엌에 있어. | She is in the kitchen. |
| □ 그는 여기에 있어? | Is he here? |
| □ 나 커피집에 있어. | I am at the coffee shop. |
| □ 걔 학교에 없어. | He is not at school. |
| □ 걔가 키는 크지. | He is tall. |
| □ 그거 비싸. | It is expensive. |
| □ 그거 비싸? | Is it expensive? |
| □ 그는 일해? | Does he work? |
| □ 너는 운전해? | Do you drive? |
| □ 걔들 여기 없어. | They are not here. |

## Self Check

본격적인 학습에 앞서 자신의 실력을 점검해봅니다. 오른쪽 영어는 손으로 가리고 한국어만 보고 영어로 말해봅시다. 얼마나 빠르고, 정확하게 말할 수 있는지 확인해보세요.

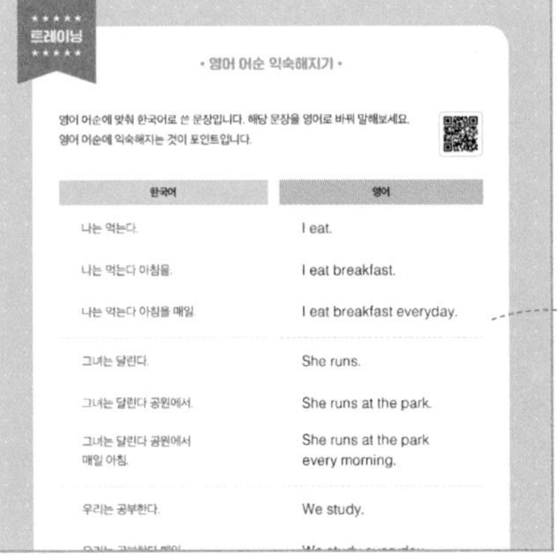

트레이닝

• 영어 어순 익숙해지기 •

영어 어순에 맞춰 한국어로 쓴 문장입니다. 해당 문장을 영어로 바꿔 말해보세요. 영어 어순에 익숙해지는 것이 포인트입니다.

| 한국어 | 영어 |
|---|---|
| 나는 먹는다. | I eat. |
| 나는 먹는다 아침을. | I eat breakfast. |
| 나는 먹는다 아침을 매일. | I eat breakfast everyday. |
| 그녀는 달린다. | She runs. |
| 그녀는 달린다 공원에서. | She runs at the park. |
| 그녀는 달린다 공원에서 매일 아침. | She runs at the park every morning. |
| 우리는 공부한다. | We study. |

## 트레이닝

본문이 끝나면 익힌 것을 토대로 연습합니다. 오른쪽 영어 부분은 가리고 한국어만 보고 말해보세요. QR코드를 찍으시면 원어민 발음을 들으며 트레이닝할 수 있습니다.

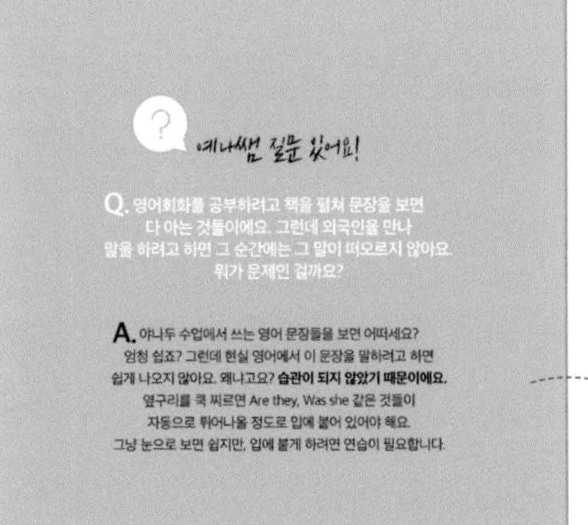

예나쌤 질문 있어요!

Q. 영어회화를 공부하려고 책을 펼쳐 문장을 보면 다 아는 것들이에요. 그런데 외국인을 만나 말을 하려고 하면 그 순간에는 그 말이 떠오르지 않아요. 뭐가 문제인 걸까요?

A. 야나두 수업에서 쓰는 영어 문장들을 보면 어떠세요? 엄청 쉽죠? 그런데 현실 영어에서 이 문장을 말하려고 하면 쉽게 나오지 않아요. 왜냐고요? **습관이 되지 않았기 때문이에요.** 옆구리를 쿡 찌르면 Are they, Was she 같은 것들이 자동으로 튀어나올 정도로 입에 붙어 있어야 해요. 그냥 눈으로 보면 쉽지만, 입에 붙게 하려면 연습이 필요합니다.

## 예나쌤 질문 있어요!

수강생들이 가장 많이 한 질문들로 영어회화 공부에 필요한 팁들을 담았습니다.

프롤로그

# 왜 영어 공부를 해도 말하기 실력은 제자리인 걸까요?

여러분은 그동안 영어 공부를 어떻게 해오셨나요? 미드 보기, 영단어 외우기, 영어 학원 다니기 등등을 해오셨겠죠? 그럼 다음 문장들을 바로바로 영어로 한번 말해볼까요?

너 피곤해?

나 안 피곤해.

너 피자 먹어?

나 피자 안 먹어.

네 남자친구 여기 오니?

내 남자친구 여기 안 와.

어떠세요? 이 문장들이 입에서 바로바로 나오시나요? 우리는 학창 시절 내내 영어를 배워요. 그리고 어른이 되어서도 계속 영어 공부를 해요. 그런데 영어로 아주 간단한 표현조차 말할 수가 없어요. 해외 여행을 가면 영어 때문에 원하는 것을 하는 데 불편함을 느끼고, 낯선 외국인이 말을 걸어오면 두려워요.

왜 영어 공부를 해도 영어 말하기 실력은 제자리인 걸까요? 그건 바로 '배우는 것'과 '하는 것'은 다르기 때문입니다. 수영을 배운다고 생각해보세요. 강사의 설명을 듣기만 하면 수영이 늘까요? 아니면 직접 물속에 들어가서 물장구를 치고 팔을 저어봐야 수영 실력이 늘까요? 피아노는요? 선생님 설명만 들으면 피아노를 칠 수 있을까요? 아니면 직접 손가락으로 피아노 건반을 눌러봐야 연주 실력이 늘까요?

우리는 학교 다닐 때 영어를 배운 것이지 영어를 사용한 것이 아닙니다. 여전히 우리는 남들이 영어 하는 것을 듣고 있는 것이지 내가 말해보고, 응용해보고, 활용해보고 있지 않습니다. 영어로 말을 잘하고 싶다면 듣고 따라 하는 과정이 필요합니다.

자, 그럼 지금부터 저와 함께 어떻게 해야 영어 말문이 트이는지 알아볼까요? You can do it! 여러분도 영어로 말할 수 있습니다!

2019년 1월

원예나

Contents

## 03 원어민처럼 자연스럽게 말하기 : 동사편



## 04 원어민처럼 자연스럽게 말하기 : 시제편

# 01

# 영어 말문 트기

# 영어가 '툭' 하고 나올 수는 없을까?

한국 사람들이 일본어를 배울 때는 실력이 굉장히 빠르게 는다고 해요. 일본어의 기본 문자인 히라가나와 가타카나를 외우는 고비만 넘기고 단어를 몇 개 암기하면 기본적인 의사소통에는 큰 어려움을 느끼지 않게 됩니다. 왜 그럴까요?

그건 바로 한국어와 일본어가 어순, 즉 단어 배열의 순서가 같기 때문이에요. '나는 아침을 먹는다'를 일본어로 해볼까요?

私は(나는) 朝食を(아침을) 食べる(먹는다).

위의 문장과 같이 매칭되는 단어를 똑같은 어순으로 배열하면 돼요. 그래서 단어만 암기해도 어느 정도의 의사소통이 가능한 것입니다.

그런데 영어는 단어만 많이 외운다고 해서 말하기 실력이 함께 늘지는 않아요. 어순, 즉 단어를 나열하는 순서가 한국어와 다르기 때문이죠. 똑같이 '나는 아침을 먹는다'를 영어로 해볼까요?

I(나는) eat(먹는다) breakfast(아침을).

어때요? 영어는 한국어나 일본어와는 순서가 다르죠?

1부 영어 말문 트기에서는 바로 이 어순에 집중해서 훈련해볼 거예요. 원어민은 어떤 단어부터 내뱉는지를 알려주고 함께 연습해보는 거죠. 영어 문장이 반사적으로 '툭!' 튀어나올 수 있도록 말이죠.

기본적인 문장을 묻고 답할 수 있도록 be동사 6패턴과 일반동사 6패턴에 기초한 12패턴을 알려드릴 거예요. 12패턴만 익히면 간단한 문장을 반사적으로 '툭!' 하고 내뱉을 수 있게 됩니다. 영어로 길게 말하는 것 역시 12패턴에서부터 시작하니 기본을 단단하게 다져야 해요. 영어의 모든 문장은 12패턴으로부터 출발한다는 것 잊지 마세요!

# 10년 이상 배워도 한 문장도 말하기 힘든 세 가지 이유

**영어와 한국어는 어순이 다르다** : 예나가 간다 학교에

**주어에 따라 동사가 변한다** : I am, You are, She is

**동사의 종류는 두 가지다** : be동사 vs. 일반동사

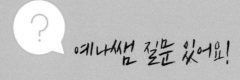

**Q.** 단어도 외우고, 패턴도 따라 해봤는데
막상 외국인을 만나면 말문이 막혀
한마디도 할 수가 없어요. 대체 뭐가 문제일까요?

**A.** 외국인 앞에서 막힘 없이 영어를 내뱉는 모습.
아마도 우리 모두가 꿈꾸는 모습일 거예요.
그래서 모두가 열심히 영어 공부를 합니다. 단어도 열심히 외우고,
패턴도 열심히 따라 하고요. 그런데 영어가 안 돼요.
왜냐면 그건 뭔가 문제점이 존재하는데,
그걸 인지하지 못하고 막연히 열심히만 하기 때문이에요.
**영어회화의 핵심은 한국어와 영어의 어순 차이**에 있습니다.
말하는 순서가 다르다는 것부터 알아야
영어회화의 기초가 잡힙니다.

# 영어와 한국어는 어순이 다르다
## : 예나가 간다 학교에

'예나가 간다 학교에.' 이 문장을 들으면 어떠세요? 무슨 뜻인지 아시겠어요? 문장 순서가 익숙하지는 않지만 우리는 이 문장이 '예나가 학교에 간다'라는 의미라는 걸 금세 알아차릴 수 있어요. 아래 네 가지 문장을 한번 보실까요?

예나가 간다 학교에.
예나가 학교에 간다.
학교에 간다 예나가.
간다 예나가 학교에.

한국어로 '예나가 학교에 간다'는 위 네 가지 방식으로 모두 표현될 수 있어요. 이처럼 한국어는 말의 순서가 바뀌어도 의미 전달이 가능해요.

그런데 영어는 달라요. 딱 하나의 어순밖에 안 돼요. '주어 + 동사'의 순서로만 말해야 해요. 그래서 영어에서는 주어와 동사가 아주 중요합니다.

예나 goes to school. (O)
주어 동사 하고 싶은 말

예나 to school goes. (×)

to school goes 예나. (×)

goes 예나 to school. (×)

회화의 경우 한국어는 주어의 위치가 중요하지 않아요. 조사만 붙이면 주어가 될 수 있기 때문이에요. '예나'에 '가'만 붙이면 되는 거죠. 하지만 영어는 그렇게 안 돼요. 동사 앞에 있는 것만이 주어가 될 수 있어요. 절대 그 순서가 바뀔 수 없어요.

이게 한국어와 영어의 가장 큰 차이입니다. 그래서 영어로 말할 때는 '주어 + 동사'의 순서로 생각하는 연습이 필요해요. '나는 먹는다 밥을', '나는 말해 너와', '나는 공부해 영어를'과 같이 말이죠.

# 주어에 따라 동사가 변한다
## : I am, You are, She is

어순에 이어 한국어와 영어가 다른 두 번째 포인트! 바로 '동사'입니다. 동사면 다 같은 동사지 무슨 차이가 있을까 하는 생각이 드시죠? 먼저 예문부터 만나볼게요.

나는 졸리다.

너는 졸리다.

그녀는 졸리다.

위 문장들에서 주어는 '나, 너, 그녀'이고 동사는 '졸리다'예요. 한국어는 주어가 1인칭, 2인칭, 3인칭, 어떤 것이든 상관없이 '졸리다'를 씁니다.

그런데 영어는 주어에 따라 동사가 변해요. 뭔가 변한다고 하니 벌써부터 무서우시죠? 겁먹지 말고 다음 예문을 보세요. 위 문장들을 영어로 바꾼 거예요.

I am sleepy.

You are sleepy.

She is sleepy.

어때요? 한국어와 다른 점을 찾으셨나요? 네, 맞아요. 영어는 주어에 따라 동사가 바뀝니다. 한국어는 주어가 '나'든, '너'든, '그녀'든 다 똑같이 '졸리다'를 써요. 그런데 영어는 달라요. 앞에 어떤 주어가 나오느냐에 따라 I am~, You are~, She is~ 등으로 바뀝니다.

의문문도 마찬가지예요. 한국어로 하면 '나 졸리니?', '너 졸리니?', '그녀는 졸리니?'처럼 같은 동사를 쓰지만 영어로 하면 달라요.

Am I sleepy?

Are you sleepy?

Is she sleepy?

주어에 따라 바뀌는 동사에 익숙해져야 해요. 그래야 주어가 나오면 자연스럽게 동사가 뒤따라 나오게 되고, 그때그때 내가 원하는 말을 자연스럽게 내뱉을 수 있어요.

# 동사의 종류는 두 가지다

## : be동사 vs. 일반동사

'예나는 일하니?'를 영어로 어떻게 말해야 할까요? Is she~?가 입에서 튀어 나왔다면 이번 스텝을 반드시 읽고 가셔야 해요. 영어의 동사는 크게 두 가지가 있습니다. 바로 be동사와 일반동사예요. 앞서 예를 들었던 I am, You are, She is와 같이 상태를 나타내는 동사가 be동사이고, 동작이나 행위를 나타내는 동사가 일반동사예요. 아래 예문을 보실까요?

나는 일한다.

그녀는 일한다.

동사가 '일한다'로 똑같아요. 이 문장들을 영어로 한번 바꿔볼까요?

I work.

She works.

동사는 work로 같지만 앞의 주어가 '그녀'로 바뀌면 동사 형태도 works로 바뀌어요. 많은 분이 헷갈려하는 부분이에요. 의문문은 조금 더 복잡한데요, 한번 바꿔볼까요?

| | | |
|---|---|---|
| 너는 일하니? | → | Do you work? |
| 그녀는 일하니? | → | Does she work? |

의문문으로 넘어가면 do, does가 나오기 시작해요. 이즈음에서 이렇게 생각하시는 분들이 있을 것 같아요. '어, 나는 별로 안 어려운 것 같은데?'

일반동사와 be동사를 나눠서 설명하면 이해가 되는 것 같지만 이것들이 섞여 있으면 생각보다 영어가 잘 안 튀어나와요. 아래를 보면 한쪽에는 한국어, 한쪽에는 영어가 있어요. 영어 부분을 가리고 한번 말해보세요.

| | |
|---|---|
| 너는 아침 먹어? | Do you eat breakfast? |
| 그는 아침 먹어? | Does he eat breakfast? |
| 나 아침 안 먹어. | I don't eat breakfast. |
| 그는 아침 안 먹어. | He doesn't eat breakfast. |
| 나 피곤해. | I am tired. |
| 그녀는 피곤해? | Is she tired? |
| 그들은 피곤해? | Are they tired? |

어때요? 바로바로 입에서 영어로 나오나요? 우리가 수십 년을 공부해도 영어로 문장을 바로바로 내뱉지 못했던 이유가 바로 여기에 있어요. 주어와 동사의 순서, 그리고 동사가 변하는 법칙조차 모르고 있었던 거죠.

그렇다면 뭘 알아야 할까요? 해결책은 바로 12패턴이에요. be동사 6패턴과 일반동사 6패턴만 알면 영어의 기본적인 어순감각은 잡을 수 있어요. 또 그 12패턴만 알면 어떤 문장이든 말할 수 있습니다.

## • 영어 어순 익숙해지기 •

영어 어순에 맞춰 한국어로 쓴 문장입니다. 해당 문장을 영어로 바꿔 말해보세요.
영어 어순에 익숙해지는 것이 포인트입니다.

| 한국어 | 영어 |
| --- | --- |
| 나는 먹는다. | I eat. |
| 나는 먹는다 아침을. | I eat breakfast. |
| 나는 먹는다 아침을 매일. | I eat breakfast every day. |
| 그녀는 달린다. | She runs. |
| 그녀는 달린다 공원에서. | She runs at the park. |
| 그녀는 달린다 공원에서 매일 아침. | She runs at the park every morning. |
| 우리는 공부한다. | We study. |
| 우리는 공부한다 매일. | We study every day. |
| 우리는 공부한다 매일 대학에 가려고. | We study every day to go to college. |
| 그는 일한다. | He works. |
| 그는 일한다 회사에서. | He works at the company. |
| 그는 일한다 회사에서 열심히. | He works hard at the company. |

## • 동사 형태 변화 익숙해지기 •

영어는 주어에 따라 동사의 형태가 달라집니다.
아래 예문을 통해 어떻게 달라지는지 살펴보고, 입에 붙을 정도로 따라 말해봅시다.

| 한국어 | 영어 |
| --- | --- |
| 우리는 바쁘다. | We are busy. |
| 그녀는 바쁘다. | She is busy. |
| 우리는 바쁘지 않다. | We are not busy. |
| 그녀는 바쁘지 않다. | She is not busy. |
| 그들은 바쁘니? | Are they busy? |
| 그녀는 바쁘니? | Is she busy? |
| 우리는 간다. | We go. |
| 그녀는 간다. | She goes. |
| 우리는 가지 않는다. | We don't go. |
| 그녀는 가지 않는다. | She doesn't go. |
| 그들은 가니? | Do they go? |
| 그녀는 가니? | Does she go? |

# be동사 6패턴, 문장의 반을 완성하다

## be동사 Self Check

## 습관처럼 나오게 하라 : be동사 6패턴

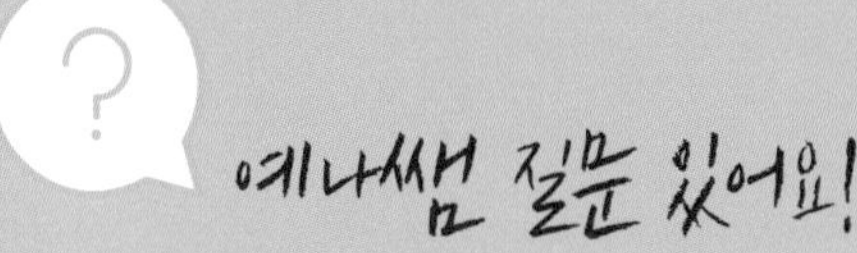


**Q.** 영어회화를 공부하려고 책을 펼쳐 문장을 보면 다 아는 것들이에요. 그런데 외국인을 만나 말을 하려고 하면 그 순간에는 그 말이 떠오르지 않아요. 뭐가 문제인 걸까요?

**A.** 야나두 수업에서 쓰는 영어 문장들을 보면 어떠세요? 엄청 쉽죠? 그런데 현실 영어에서 이 문장을 말하려고 하면 쉽게 나오지 않아요. 왜냐고요? **습관이 되지 않았기 때문이에요.** 옆구리를 쿡 찌르면 Are they, Was she 같은 것들이 자동으로 튀어나올 정도로 입에 붙어 있어야 해요. 그냥 눈으로 보면 쉽지만, 입에 붙게 하려면 연습이 필요합니다.

## * be동사 Self Check *

본격적으로 be동사에 대해 알아보기 전에 여러분이 be동사를 얼마나 잘 활용하고 있는지 스스로 테스트해보세요. 오른쪽의 영어 부분은 가리고 한국어만 보며 영어로 말해보세요.

| | |
|---|---|
| □ 나 피곤해. | I am tired. |
| □ 그녀는 부엌에 있어. | She is in the kitchen. |
| □ 그는 여기에 있어? | Is he here? |
| □ 나 커피집에 있어. | I am at the coffee shop. |
| □ 그는 학교에 없어. | He is not at school. |
| □ 그는 키가 커. | He is tall. |
| □ 그거 비싸. | It is expensive. |
| □ 그거 비싸? | Is it expensive? |
| □ 그는 일해? | Does he work? |
| □ 너는 운전해? | Do you drive? |
| □ 걔들 여기 없어. | They are not here. |
| □ 그거 어려워. | It is hard. |
| □ 그거 어려워? | Is it hard? |
| □ 너 오늘 바빠? | Are you busy today? |
| □ 나 안 바빠. | I am not busy. |

0 ~ 5 좌절금지! 다음 페이지로 고고! 6 ~ 10 좋아요! 조금만 더 공부하면 퍼펙트! 11 ~ 15 훌륭합니다. 가볍게 한번 훑어보세요.

# 습관처럼 나오게 하라
## : be동사 6패턴

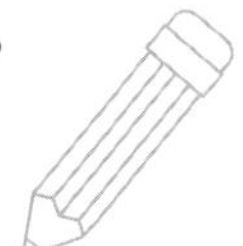

셀프 체크, 어떠셨어요? 바로바로 말이 튀어나왔나요? 한국어로는 너무나 간단한 문장들인데 영어로는 잘 튀어나오지 않아요. 뭐가 문제인 걸까요?

Is he at work?

I am at the coffee shop.

Is it expensive?

They are here.

Are they here?

말을 하려고 할 때 우리는 '회사', '여기', '비싸' 같은 말부터 떠올려요. 그런데 사실 중요한 것은 문장의 앞부분에 나오는 주어와 동사예요. 평서문이라면 '주어 + 동사', 의문문이라면 '동사 + 주어'를 먼저 잡고 그다음으로 넘어가야 해요. 그러니까 be동사만 확실하게 잡아도 영어의 반은 해결된 셈이죠. 너무나 다행히도 be동사와 관련해서는 딱 6패턴만 알면 됩니다. 한번 알아볼까요?

패턴 1

**I am busy.** 나는 바빠.
**You are busy.** 너는 바빠.
**She is busy.** 그녀는 바빠.

패턴 1은 be동사의 평서문 형태예요. I am~은 하나의 짝만 있으니 어렵지 않죠. 그런데 are에는 You are~, We are~, They are~처럼 각각 다른 형태의 주어가 붙으니 입에 익숙해지도록 연습을 해야 해요. He is~, She is~, It is~도 마찬가지고요. 이렇게 '주어 + 동사'에 하고 싶은 말을 붙이면 You are busy. She is busy. 등과 같은 문장이 완성됩니다.

| 주어 | 동사 | | 하고 싶은 말 |
|---|---|---|---|
| I | am | + | tired, happy, sad, tall, fat, smart, here, there, at home |
| You<br>We<br>They | are | | |
| He<br>She<br>It | is | | |

| | |
|---|---|
| **I am not busy.** | 나는 안 바빠. |
| **You are not busy.** | 너는 안 바빠. |
| **She is not busy.** | 그녀는 안 바빠. |

패턴 2는 패턴 1에 not을 붙인 부정문 형태라고 생각하시면 돼요. 패턴 1과 연결해서 같이 연습하면 좋아요.

패턴 2의 핵심은 not의 위치예요. be동사 바로 뒤에 not이 온다는 것! 그것만 기억하시면 됩니다.

참고로 'be동사 + not'의 축약형인 I'm not~, You're not~, She's not~, It's not~, We're not~, They're not~도 기억해두세요. You aren't~, He isn't~ 등도 또 다른 축약형이에요.

| | | | |
|---|---|---|---|
| I'm<br>You're<br>We're<br>They're<br>He's<br>She's<br>It's | not | + | 하고 싶은 말<br>tired, happy, sad,<br>tall, fat, smart,<br>here, there, at home |

패턴 3

**Am I busy?** 나 바빠?

**Are you busy?** 너 바빠?

**Is she busy?** 그녀는 바빠?

패턴 3은 아주 중요해요. 많은 분이 의문문을 헷갈려 하시거든요. be동사 의문문은 be동사가 앞으로 튀어나갑니다. 그런데 읽어보시면 굉장히 어색하게 느껴지죠? They are~는 자연스럽게 나오지만 Are they~는 어색하게 느껴집니다.

| | | | |
|---|---|---|---|
| Am | I | + | 하고 싶은 말<br>tired, happy, sad,<br>tall, fat, smart,<br>here, there, at home |
| Are | you<br>we<br>they | | |
| Is | he<br>she<br>it | | |

그래서 패턴 3에서는 동사와 주어를 곧바로 매칭시키는 것이 가장 중요해요. 실전에서 영어로 말해야 할 때는 '주어가 you니까… are가 오는 거지?'라고 생각할 겨를이 없어요. 바로바로 입에서 나오게끔 충분히 연습해야 합니다.

| | |
|---|---|
| **I was busy.** | 나는 바빴어. |
| **You were busy.** | 너는 바빴어. |
| **She was busy.** | 그녀는 바빴어. |

패턴 4는 과거에 관한 것입니다. 패턴 4의 기본 문장부터 살펴볼까요? 과거형 기본 문장은 언제 was를 쓰고, 언제 were를 쓰는지를 익히는 게 포인트예요. 주어가 '나' 또는 제3자 한 명일 때는 was를 써요. 그 외에 나머지는 전부 were를 쓰지요.

were는 발음이 약간 어려울 수 있어요. 주어와 연결해서 발음을 중점적으로 연습하면 좋아요. 실제로 많은 분이 헷갈려 하시는 것이 바로 are과 were예요. 헷갈리지 않으려면 입에 붙게 계속해서 연습하는 것 외에는 방법이 없어요. You are + You were처럼 현재형과 과거형을 섞어서 연습하면 많은 도움이 됩니다.

| 주어 | 동사 | | 하고 싶은 말 |
|---|---|---|---|
| I | was | + | tired, happy, sad,<br>tall, fat, smart,<br>here, there, at home |
| You<br>We<br>They | were | | |
| He<br>She<br>It | was | | |

**패턴 5**

| | |
|---|---|
| **I was not busy.** | 나는 바쁘지 않았어. |
| **You were not busy.** | 너는 바쁘지 않았어. |
| **She was not busy.** | 그녀는 바쁘지 않았어. |

패턴 5는 과거 시제의 부정형입니다. not의 위치는 be동사 뒤에! 패턴 2에서 배운 것과 같아요. 패턴 4를 잘 익혔다면 not만 붙여서 익히시면 됩니다. not에 중점 포인트를 주고 발음하는 것, 잊지 마세요!

참고로 was not의 축약형인 wasn't, were not의 축약형인 weren't도 알아두세요.

| | | | | | |
|---|---|---|---|---|---|
| I | was | | | | 하고 싶은 말 |
| You<br>We<br>They | were | + | not | + | tired, happy, sad,<br>tall, fat, smart,<br>here, there, at home |
| He<br>She<br>It | was | | | | |

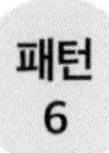

| | |
|---|---|
| **Was I busy?** | 나는 바빴어? |
| **Were you busy?** | 너는 바빴어? |
| **Was he busy?** | 그는 바빴어? |

앞에서 패턴 3을 강조했었죠? 마찬가지의 이유로 패턴 6도 중요해요. 바로 과거형 의문문과 관련된 패턴이죠. '동사 + 주어'를 헷갈리지 않고 말할 수 있어야 합니다. 특히 의문문은 뒤에 하고 싶은 말까지 붙여서 연습해보는 것이 좋아요.

| | | | |
|---|---|---|---|
| Was | I | | |
| Were | you<br>we<br>they | + | 하고 싶은 말<br>tired, happy, sad,<br>tall, fat, smart,<br>here, there, at home |
| Was | he<br>she<br>it | | |

# happy 행복한

주어진 단어를 이용해서 한국어를 영어로 바꾸어 말해봅시다.
주어에 따라 동사가 어떻게 바뀌는지 생각하며 연습하세요.

| 한국어 | 영어 |
|---|---|
| 너는 행복해. | You are happy. |
| 너는 행복하지 않아. | You are not happy. |
| 너는 행복하니? | Are you happy? |
| 너는 행복했어. | You were happy. |
| 너는 행복하지 않았어. | You were not happy. |
| 너는 행복했니? | Were you happy? |
| 그녀는 행복해. | She is happy. |
| 그녀는 행복하지 않아. | She is not happy. |
| 그녀는 행복하니? | Is she happy? |
| 그녀는 행복했어. | She was happy. |
| 그녀는 행복하지 않았어. | She was not happy. |
| 그녀는 행복했니? | Was she happy? |

# 21 스물한 살

주어진 단어를 이용해서 한국어를 영어로 바꾸어 말해봅시다.
반드시 오른쪽의 영어 부분을 가리고 입으로 소리 내 연습하세요.

| 한국어 | 영어 |
|---|---|
| 우리는 21살이야. | We are 21. |
| 우리는 21살이 아니야. | We are not 21. |
| 우리는 21살이니? | Are we 21? |
| 우리는 21살이었어. | We were 21. |
| 우리는 21살이 아니었어. | We were not 21. |
| 우리는 21살이었니? | Were we 21? |
| 그는 21살이야. | He is 21. |
| 그는 21살이 아니야. | He is not 21. |
| 그는 21살이니? | Is he 21? |
| 그는 21살이었어. | He was 21. |
| 그는 21살이 아니었어. | He was not 21. |
| 그는 21살이었니? | Was he 21? |

# here 여기에

주어진 단어를 이용해서 한국어를 영어로 바꾸어 말해봅시다.
반드시 오른쪽의 영어 부분을 가리고 입으로 소리 내 연습하세요.

| 한국어 | 영어 |
|---|---|
| 그는 여기에 있어. | He is here. |
| 그는 여기에 없어. | He is not here. |
| 그는 여기에 있니? | Is he here? |
| 그는 여기에 있었어. | He was here. |
| 그는 여기에 있지 않았어. | He was not here. |
| 그는 여기에 있었니? | Was he here? |
| 그들은 여기에 있어. | They are here. |
| 그들은 여기에 없어. | They are not here. |
| 그들은 여기에 있니? | Are they here? |
| 그들은 여기에 있었어. | They were here. |
| 그들은 여기에 있지 않았어. | They were not here. |
| 그들은 여기에 있었니? | Were they here? |

# 일반동사 6패턴, 구체적인 말하기를 완성하다

## 일반동사 Self Check

기본적인 말하기의 완성 : 일반동사 6패턴

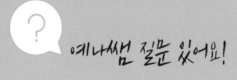

**Q.** 저는 수능 영어도 1등급, 토익도 900점대를 맞았어요.
그런데 부끄럽게도 길에서 외국인이 길을 물으면
머릿속이 새하얗게 됩니다.
기초부터 다시 공부해야 할까요?

**A.** 세상에는 딱 두 종류의 영어가 있어요.
말할 수 없는 영어와 말할 수 있는 영어.
아무리 수능에서 고득점을 받고, 토익 900점이 넘었다고 해도
외국인과 말할 수 없다면 그건 말할 수 없는 영어예요.
우리의 목표는 말할 수 있는 영어죠?
말할 수 있는 영어의 핵심은 '말'이에요.
다 아는 내용이라고 넘기지 말고 **계속해서 입으로 훈련해야**
**말할 수 있는 영어가 됩니다.**

## * 일반동사 Self Check *

본격적으로 일반동사에 대해 알아보기 전에 나는 일반동사를 얼마나 잘 활용하고 있는지 스스로 테스트해보세요. 오른쪽의 영어 부분은 가리고 한국어만 보고 영어로 말해보세요.

| | |
|---|---|
| ☐ 나는 공부해. | I study. |
| ☐ 나는 공부 안 해. | I don't study. |
| ☐ 그녀는 공부해. | She studies. |
| ☐ 그녀는 공부하니? | Does she study? |
| ☐ 그들은 일해. | They work. |
| ☐ 그는 일해. | He works. |
| ☐ 그들은 일하니? | Do they work? |
| ☐ 그는 일하니? | Does he work? |
| ☐ 너는 운전하니? | Do you drive? |
| ☐ 그녀는 운전하니? | Does she drive? |
| ☐ 그녀는 운전 안 해. | She doesn't drive. |
| ☐ 그들은 운전 안 해. | They don't drive. |
| ☐ 그녀는 커피 마시니? | Does she drink coffee? |
| ☐ 그녀는 커피 안 마셔. | She doesn't drink coffee. |
| ☐ 그들은 커피 마시니? | Do they drink coffee? |

0 ~ 5 좌절금지! 다음 페이지로 고고! 6 ~ 10 좋아요! 조금만 더 공부하면 퍼펙트! 11 ~ 15 훌륭합니다. 가볍게 한번 훑어보세요.

# 기본적인 말하기의 완성
## : 일반동사 6패턴

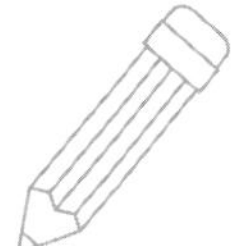

앞에서 익힌 be동사 6패턴에 이어 이번에는 일반동사의 6패턴을 만나볼거예요. 주어 다음에 나올 수 있는 건 동사예요. 그리고 그 동사에는 두 종류가 있어요. be동사와 일반동사죠. be동사는 '~이다', '~있다'로 해석되고, 일반동사는 그 외의 모든 동사라고 할 수 있어요. 예문을 같이 볼까요?

| I<br>나는 | am<br>이다 | pretty<br>예쁜 | **be동사**<br>: 안 움직이는 사람 |
|---|---|---|---|
| I<br>나는 | dance<br>춤춘다 | × | **일반동사**<br>: 움직이는 사람 |

예문으로 보니 감이 잡히시죠? be동사는 한국어로 '~이다' 정도로 큰 의미가 없어요. 반면 일반동사는 의미를 가지고 있는 구체적인 동사죠. 일반동사를 얼마나 잘 활용하느냐에 따라 회화의 수준이 달라져요.

일반동사까지 익히고 나면 영어회화의 필수 요소인 '주어 + 동사'까지가 완성된 거예요. 더 하고 싶은 말들은 '주어 + 동사' 뒤에 이어나가면 됩니다.

패턴 1

**I go home.** 나는 집에 가.

**He goes home.** 그는 집에 가.

| | |
|---|---|
| I<br>You<br>We<br>They | go(동사원형) |
| He<br>She<br>It | goes(3인칭동사) |

패턴 1은 일반동사 평서문 형태예요. 일반동사를 쓸 때는 딱 두 가지로 분류해주면 돼요. 제3자가 한 명이냐, 그 이상이냐. '그', '그녀', '그것'은 제3자 한 명을 의미하죠? 그래서 앞으로 제3자 한 명이라고 부를 거예요. 이렇게 구분하는 이유는 '나머지'에는 동사원형을 붙이는 반면 제3자 한 명일 때는 동사를 변형해야 하기 때문이에요.

go를 예로 들어볼까요? I, You, We, They 뒤에는 동사원형인 go가 와요. 반면 He, She, It 뒤에는 go에 es를 붙인 goes가 옵니다. 제3자 한 명일 경우 동사가 3인칭동사로 바뀌는 것이죠. 우리는 I go, she goes가 바로바로 입에서 튀어나오게 훈련해야합니다.

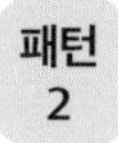

**I don't go home.** 나 집에 안 가.

**He doesn't go home.** 그는 집에 안 가.

| | | |
|---|---|---|
| I<br>You<br>We<br>They | don't | go<br>(동사원형) |
| He<br>She<br>It | doesn't | |

부정문은 do와 does 뒤에 not을 붙여주면 됩니다. 잠깐, 여기서 '부정문은 do not, does not 아닌가요?'라고 질문하시는 분들이 있을 것 같아요. 맞아요. 부정문은 do not, does not이 맞지만, 우리는 축약 버전인 don't, doesn't로 연습해보겠습니다.

**Do I go home?** 나 집에 가?

**Does he go home?** 그는 집에 가?

앞서 be동사에서 패턴 3이 가장 중요하다고 했었죠? Am I~?, Are you~?, Is he~?가 의외로 쉽게 나오지 않기 때문에 특별히 강조했던 패턴이었어요.

일반동사의 패턴 3도 마찬가지로 매우 중요합니다. 일반동사로 말을 잘하고 싶다면 패턴 3을 정복해야 해요.

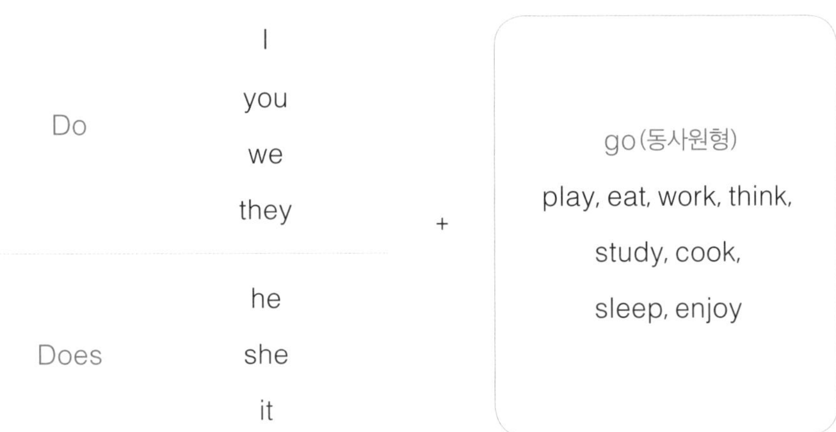

Do
I
you
we
they
Does
he
she
it
+
go(동사원형)
play, eat, work, think,
study, cook,
sleep, enjoy


패턴 1, 2와 똑같이 주어가 제3자 한 명이냐 아니냐로 Does를 쓸지 Do를 쓸지가 결정됩니다. 그런데 여기서 중요한 게 바로 Does예요. 실전 영어에서는 Does he~?, Does she~?, Does it~?이 의외로 잘 안 나옵니다. 이게 거침없이 나올 수 있도록 계속 연습하는 것이 중요해요.

## I went home. 나는 집에 갔어.

패턴 4는 일반동사의 과거형이에요. 패턴 4는 쉽기도 하고 어렵기도 해요. 무슨 말이냐고요? 일단 쉬운 포인트는 과거형이 하나라는 점이에요. 어떤 주어든 상관없이 똑같은 형태의 동사를 넣어주면 돼요. 쉽죠? 그런데 어려운 포인트가 하나 있어요. 각각의 동사가 모두 자신만의 과거 꼴을 가지고 있다는 거예요. 그러니 과거 꼴을 모두 알아야 한다는 어려움이 있습니다.

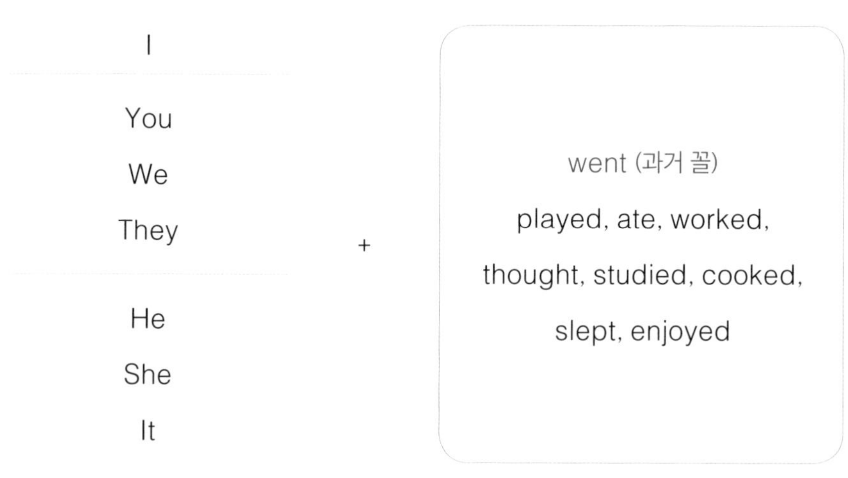

I
You
We
They
He
She
It
+
went (과거 꼴)
played, ate, worked,
thought, studied, cooked,
slept, enjoyed


보통 일반동사 끝에 ed를 붙이면 과거형이 되지만(study → studied), 그렇지 않은 일반동사도 많아요. 예를 들어, go는 과거형이 went로 원래 형태와는 확연히 다르지요. 또 '가져오다'라는 뜻의 bring은 과거형이 brought입니다.

그렇다면 그걸 다 외워야 하냐고요? 아뇨. 그렇게 외우면 절대 말로 안 나와요. 그러지 말고 과거형 동사가 등장할 때마다 많이 읽어서 입에 붙게 하세요.

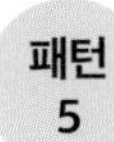

## I didn't go home. 나는 집에 가지 않았어.

패턴 5는 과거 부정문이에요. 앞서 패턴 2에서 이야기했듯이 여기서도 축약형인 didn't만 연습하시면 됩니다. 패턴 5는 아주 간단해요. 주어와 동사원형 사이에 didn't만 넣어주는 거예요. 그럼 가볍게 살펴볼까요?

| 주어 | | | |
|---|---|---|---|
| I | | | |
| You<br>We<br>They | didn't | + | go (동사원형)<br>play, eat, work,<br>think, study, cook,<br>sleep, enjoy |
| He<br>She<br>It | | | |

## Did I go home? 나 집에 갔어?

마지막 패턴 6은 과거 의문문이에요. be동사에서도 의문문 패턴인 패턴 3과 6을 강조했던 것 기억나시죠? 의문문은 평서문에 비해서 반사적으로 나오지 않는 경향이 있어서 좀 더 집중적인 훈련이 필요합니다. 여러분도 발음을 해보면서 혀가 불편하지 않은지 확인해보세요.

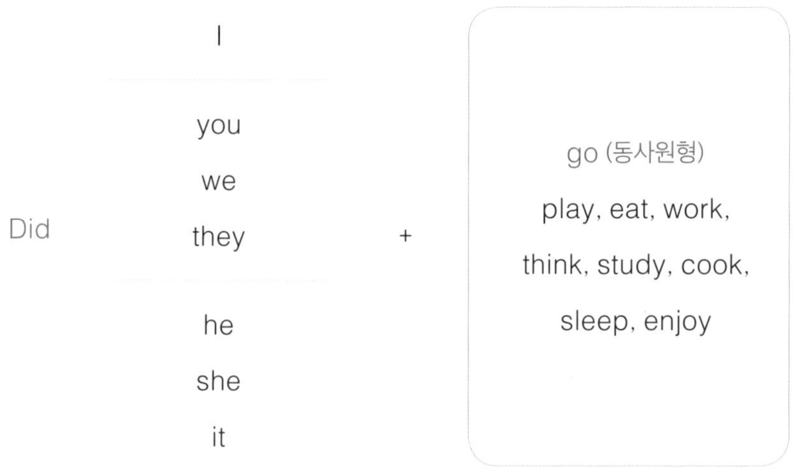


과거형 의문문은 주어 구분 없이 Did를 주어 앞에 붙여주면 됩니다. Did와 주어가 연결되는 부분의 발음을 주의하여 연습하세요. Did we~?와 Did she~?의 발음이 조금 불편할 수 있어요.

• 일반동사 6패턴 익숙해지기 •

# come 오다

주어진 단어를 이용해서 한국어를 영어로 바꾸어 말해봅시다.
주어에 따라 일반동사가 어떻게 바뀌는지 생각하며 연습하세요.

| 한국어 | 영어 |
|---|---|
| 그들은 와. | They come. |
| 그들은 오지 않아. | They don't come. |
| 그들은 오니? | Do they come? |
| 그들은 왔어. | They came. |
| 그들은 오지 않았어. | They didn't come. |
| 그들은 왔니? | Did they come? |
| 그것은 와. | It comes. |
| 그것은 오지 않아. | It doesn't come. |
| 그것은 오니? | Does it come? |
| 그것은 왔어. | It came. |
| 그것은 오지 않았어. | It didn't come. |
| 그것은 왔니? | Did it come? |

# study 공부하다

주어진 단어를 이용해서 한국어를 영어로 바꾸어 말해봅시다.
주어에 따라 일반동사가 어떻게 바뀌는지 생각하며 연습하세요.

| 한국어 | 영어 |
|---|---|
| 우리는 공부해. | We study. |
| 우리는 공부하지 않아. | We don't study. |
| 우리는 공부하니? | Do we study? |
| 우리는 공부했어. | We studied. |
| 우리는 공부하지 않았어. | We didn't study. |
| 우리는 공부했니? | Did we study? |
| 그는 공부해. | He studies. |
| 그는 공부하지 않아. | He doesn't study. |
| 그는 공부하니? | Does he study? |
| 그는 공부했어. | He studied. |
| 그는 공부하지 않았어. | He didn't study. |
| 그는 공부했니? | Did he study? |

# go to school 학교에 가다

주어진 단어를 이용해서 한국어를 영어로 바꾸어 말해봅시다.
반드시 오른쪽의 영어 부분을 가리고 입으로 소리 내 연습하세요.

| 한국어 | 영어 |
|---|---|
| 너는 학교에 가. | You go to school. |
| 너는 학교에 가지 않아. | You don't go to school. |
| 너는 학교에 가니? | Do you go to school? |
| 너는 학교에 갔어. | You went to school. |
| 너는 학교에 가지 않았어. | You didn't go to school. |
| 너는 학교에 갔니? | Did you go to school? |
| 그녀는 학교에 가. | She goes to school. |
| 그녀는 학교에 가지 않아. | She doesn't go to school. |
| 그녀는 학교에 가니? | Does she go to school? |
| 그녀는 학교에 갔어. | She went to school. |
| 그녀는 학교에 가지 않았어. | She didn't go to school. |
| 그녀는 학교에 갔니? | Did she go to school? |

# 자유자재로
# 말하기,
# 4단계 법칙

# 주어 확장 Self Check

4단계만 기억하면 어떤 주어가 나와도 두렵지 않다

## 예나쌤 질문 있어요!

**Q.** **입으로 연습하라고 하시잖아요?**
**얼마나 연습해야 되는 걸까요?**

**A.** 야나두 회화는 영어가 입에 착 붙도록 하는 게 핵심입니다.
하지만 도대체 얼마나 연습해야 입에 붙을까요?
많은 분들이 물어보시는 질문인데요,
전 이렇게 말씀드리고 싶어요.
**하루에 한 시간, 딱 2주만 해보세요.**
**그러면 3주 차부터 변화가 올 거예요.**
처음에는 많이 삐걱거리겠지만, 꾸준히 하다 보면
분명 안정화 단계가 옵니다. 자신을 믿어보세요.
여러분께 반드시 반전이 일어날 거예요!

# * 주어 확장 Self Check *

오른쪽의 영어 부분을 가리고 문장을 영어로 바로 말할 수 있는지 체크해보세요.

| | |
|---|---|
| ☐ 너희 엄마 여기 계셔? | Is your mom here? |
| ☐ 너희 부모님 여기 계셔? | Are your parents here? |
| ☐ 너희 부모님 여기 안 계셨어. | Your parents were not here. |
| ☐ 너희 엄마 여기 안 계셔. | Your mom is not here. |
| ☐ 내 책상 여기 있어? | Is my desk here? |
| ☐ 내 책상 여기 없었어. | My desk was not here. |
| ☐ 내 책상과 의자 여기 있었어? | Were my desk and chair here? |
| ☐ 내 책상과 의자 여기 없었어. | My desk and chair were not here. |
| ☐ 네 친구 공부해? | Does your friend study? |
| ☐ 네 친구 공부 안 했어. | Your friend didn't study. |
| ☐ 네 친구들 공부했어? | Did your friends study? |
| ☐ 그녀 오빠 여기 안 왔어. | Her brother didn't come here. |
| ☐ 그녀 오빠랑 언니 여기 와? | Do her brother and sister come here? |
| ☐ 그녀 오빠랑 언니 여기 안 와. | Her brother and sister don't come here. |
| ☐ 그녀 오빠랑 언니 여기 안 왔어. | Her brother and sister didn't come here. |

0 ~ 5 좌절금지! 다음 페이지로 고고!　6 ~ 10 좋아요! 조금만 더 공부하면 퍼펙트!　11 ~ 15 훌륭합니다. 가볍게 한번 훑어보세요.

# 4단계만 기억하면

## 어떤 주어가 나와도 두렵지 않다

지금까지 '주어 + 동사'를 계속 연습해왔습니다. 그런데 문제가 있어요. I, You, We, They, He, She, It은 알겠는데 우리가 그 말만 쓰는 건 아니잖아요.

예를 들면 '네 엄마가', '네 오빠가', '컴퓨터가', '네 엄마랑 우리 오빠가', '피자와 스파게티가', '뚱뚱한 비둘기가' 등등 주어로 올 수 있는 말은 정말 많아요. 그렇다면 그런 주어가 등장했을 때, 우리는 바로바로 동사를 연결해서 말할 수 있을까요?

**주어의 종류**

선생님은, 책상은, 거울은,
엄마는, 오빠는, 컴퓨터는,
꽃이, 치킨이, 엄마가,
비둘기가, 톰과 제리가

\+ 동사

한국어 단어에 '은, 는, 이, 가'를 붙이면 어떤 단어든 주어가 될 수 있기 때문에 모든 주어와 동사를 외울 수는 없어요. 대신 야나두 영어에는 이것들을 해결할 아주 간단한 법칙이 있습니다. 한번 살펴볼까요?

| | |
|---|---|
| I | am |
| You<br>We<br>They | are |
| He<br>She<br>It | is |

앞서 살펴본 be동사 패턴 1(37쪽 참고)이에요. 익숙하시죠? (만약 '이게 무슨 소리인지 모르겠어'라는 생각이 드시면 다시 be동사 패턴으로 돌아가세요.) 여기서 are와 is만 살펴볼게요. 주어가 2명 이상이면 are, 1명이면 is에요. You는 단수가 아니냐고 의문을 갖는 분들이 계실 텐데요, You에는 뜻이 두 개 있어요. '너'와 '너희들'. 그래서 You는 복수에 속하는 주어라고 기억하시면 됩니다.

여기에 소유격 주어를 붙여볼게요. '나의 차', '나의 차들', '너의 차', '너의 차들'과 같이요. 그러면 뒤의 동사는 어떻게 변할까요? 바로 다음과 같이 변하게 됩니다.

| 단수 | | | 복수 | | |
|---|---|---|---|---|---|
| My | | | My | | |
| Your | | | Your | | |
| Our | | | Our | | |
| Their | car | is | Their | cars | are |
| His | | | His | | |
| Her | | | Her | | |
| Its | | | Its | | |

어떻게 동사가 변하는지 눈치채셨죠? 바로 주어가 단수냐, 복수냐에 따라 동사가 달라지게 됩니다.

차가 한 대면 단수죠? 차가 두 대면 복수고요. 단수 주어가 오면 is, 복수 주어가 오면 are가 쓰여요. 이건 be동사 패턴에서도 이미 배운 거예요.

한 번 더 연습해볼까요? 다음 주어 뒤에 어떤 동사가 들어가야 할까요? 오른쪽 동사를 가리고 말해보세요.

| A car | | is |
|---|---|---|
| Cars | + | are |
| A car and a bike | | are |
| Cars and bikes | | are |

차 한 대면 단수니 is, 차 한 대와 자전거 한 대면 복수니 are. 어때요? 개념이 좀 잡히셨나요?

영어회화를 잘하려면 주어가 단수인지 복수인지 잘 구분해야 해요. 아무리 다양한 주어가 오더라도 우리가 구분해야 할 건 오로지 주어가 단수인지 복수인지뿐이니까요.

그럼, 주어 확장의 4단계를 알아볼까요?

**My father is busy.** 우리 아빠 바빠.

**My parents are busy.** 우리 부모님 바빠.

1단계는 기본 문장인 평서문이에요. 주어가 한 개냐, 두 개 이상이냐에 따라 동사가 달라져요. 아빠 한 명이면 동사가 is가 되고, 부모님은 두 명이니 동사가 are가 되는 거예요. 과거형도 주어에 따라 was와 were로 바뀌어요. 앞서 배운 be동사 6패턴과 똑같죠?

세상에 있는 모든 사물을 다 대입해볼 필요는 없지만 몇 가지 사물, 사람들을 넣어서 연습해보세요. 그러면 개념이 쉽게 잡힐 거예요.

| | 주어 | 동사 |
|---|---|---|
| 단수 | My father<br>Your father<br>Our car | is(was) |
| 복수 | My parents<br>My friends<br>My car and his car | are(were) |

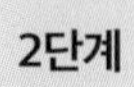


**Is your father busy?** 너희 아빠 바쁘니?

**Are your parents busy?** 너희 부모님 바쁘니?

2단계는 의문문이에요. 1단계보다는 조금 어려워요. 주어가 단수면 Is로, 복수면 Are로 시작합니다. 여기서 중요한 문장이 바로 Is your car~?예요. 왠지 your가 들어가면 are가 쓰고 싶어져요. 뭔가 복수 같은 느낌이 들거든요. 그런데 여기서는 '너의 차' 한 대를 의미하기 때문에 단수 is가 들어가야 해요. 그래서 Is your~?는 많이 연습할수록 좋아요.

과거형도 마찬가지로 Was your father~?, Were your parents~?로 연습하시면 됩니다.

| | 동사 | 주어 |
|---|---|---|
| 단수 | Is (Was) | my father<br>your father<br>our car |
| 복수 | Are (Were) | my parents<br>my friends<br>my car and his car |

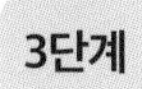

**My father doesn't study.** 우리 아빠 공부 안 하셔.

**My parents don't study.** 우리 부모님 공부 안 하셔.

3단계부터는 일반동사가 등장해요. 눈치 빠른 분들은 이미 알아채셨겠지만 1, 2단계는 be동사만으로 연습을 했어요. 동사는 두 개라고 했는데 왜 be동사만 연습하지 하고 생각하셨다면 지금부터는 일반동사로 연습해볼게요.

일반동사 6패턴에서 패턴 1(51쪽 참고) 기억나시죠? I go. You go. She goes. '제3자 한 명일 때는 3인칭동사로, 그 외에는 동사원형을 사용한다'라는 패턴은 여기서도 적용되기 때문에 패스. 바로 부정문으로 넘어갑니다.

'나의 아빠', '우리 차'처럼 주어가 단수일 때는 It과 같은 패턴이 쓰이겠죠? 그래서 doesn't를 쓰면 돼요. 일반동사 패턴 2와 같아요(52쪽 참고). '내 친구들', '나의 차와 너의 차'는 복수죠? 그러니 don't를 씁니다.

| | 주어 | 동사 | | |
|---|---|---|---|---|
| 단수 | My father<br>Your father<br>Our car | doesn't | + | 동사원형 |
| 복수 | My parents<br>My friends<br>My car and his car | don't | | |

**4단계** **Does your father study?** 너네 아빠 공부하셔?

**Do your parents study?** 너네 부모님 공부하셔?

4단계는 의문문이에요. 확실히 의문문은 어려워요. 그렇다고 겁먹을 필요는 없어요. 앞에서 공부했던 것들의 연장선이라고 생각하시면 되니까요.

주어가 하나냐, 복수냐에 따라 Does와 Do를 씁니다. 예를 한번 들어볼까요? '네 차에(차들에) 히터 있어?'라는 문장을 영어로 해볼까요? '네 차' 하나라면 Does your car have 히터?, '네 차들'이 주어라면 Do your cars have 히터? 라고 말하면 됩니다.

| | 동사 | 주어 | | |
|---|---|---|---|---|
| 단수 | Does | my father<br>your father<br>our car | + | 동사원형 |
| 복수 | Do | my parents<br>my friends<br>my car and his car | | |

## • 1-2단계 연습하기 •

주어에 따라 어떻게 동사가 바뀌는지 생각하며 말해보세요.

| 한국어 | 영어 |
|---|---|
| 내 차는 깨끗해. | My car is clean. |
| 그들의 차는 깨끗해. | Their car is clean. |
| 그의 차는 깨끗하니? | Is his car clean? |
| 차와 자전거는 깨끗했어. | The car and bike were clean. |
| 네 친구 차는 깨끗했니? | Was your friend's car clean? |
| 내 언니는 부자야. | My sister is rich. |
| 네 언니들은 부자니? | Are your sisters rich? |
| 사람들은 부자였어. | People were rich. |
| 민수 아빠도 부자였어? | Was 민수's father rich? |
| 네 언니들은 부자였니? | Were your sisters rich? |
| 내 책상과 의자 여기 있어? | Are my desk and chair here? |
| 내 책상과 의자 여기 있었어? | Were my desk and chair here? |
| 내 책상과 의자 여기 없어. | My desk and chair are not here. |
| 내 책상과 의자 여기 없었어. | My desk and chair were not here. |

## • 3-4단계 연습하기 •

주어에 따라 어떻게 동사가 바뀌는지 생각하며 말해보세요.

| 한국어 | 영어 |
|---|---|
| 그의 엄마가 요리했어. | His mom cooked. |
| 그의 엄마가 요리해? | Does his mom cook? |
| 그의 엄마는 요리 안 해. | His mom doesn't cook. |
| 그의 엄마는 요리 안 했어. | His mom didn't cook. |
| 우리 부모님은 공부해. | My parents study. |
| 민수와 영희는 공부하니? | Do 민수 and 영희 study? |
| 민수와 영희는 공부했어. | 민수 and 영희 studied. |
| 네 아버지와 어머니는 공부하셨니? | Did your father and mother study? |
| 내 친구들은 공부했어. | My friends studied. |
| 그녀 오빠 여기 안 와. | Her brother doesn't come here. |
| 그녀 오빠랑 언니가 여기 와. | Her brother and sister come here. |
| 그녀 오빠랑 언니가 여기 와? | Do her brother and sister come here? |
| 우리 부모님은 여기 왔어. | My parents came here. |

# 하루 10분씩 매일 하는 것이 중요하다

'분산효과'라는 말을 들어보셨나요? 예를 들어 여러분이 연습할 수 있는 시간이 한 시간이라고 하면 그 한 시간을 한 번에 다 쓰는 게 아니라 쪼개어 쓸 수 있잖아요. 아침 30분, 저녁 30분으로 나눌 수도 있고, 아침 점심 저녁 각각 20분씩으로 쪼갤 수도 있어요.

분산효과는 앉은 자리에서 한번에 한 시간 공부를 하는 것이 아니라 10분씩 잘게 쪼개어 자주 공부했을 때 효과가 커지는 것이에요. 우리 뇌가 까먹을 때쯤 한 번씩 뇌에 자극을 주는 거죠.

영어 학습, 특히 1부의 어순 훈련에서는 분산효과가 굉장히 중요해요. 우리가 배운 것들을 한번에 해보면 다 아는 것 같거든요. 그런데 하루 이틀 지나면 금방 까먹어요. 그래서 조금씩 자주 연습하는 게 중요해요.

자, 1부에서는 어순감각을 배웠어요. 간략하게 다시 한번 훑어볼까요?

### 1. 영어와 한국어는 어순이 다르다.

예나가 간다 학교에. ⇨ 예나 goes to school.

**2. 영어는 '주어 + 동사'다. 주어와 동사만 잡으면 뒤에는 단어를 붙이면 된다.**

나는 마이크와 매일 회사에서 피자를 먹는다.

⇨ I eat pizza / with Mike / at work / every day.

**3. 동사는 두 종류, be동사와 일반동사가 있다. 각각의 동사에는 여섯 가지 패턴이 있다.**

**4. 주어가 아무리 길어져도 단수냐, 복수냐만 기억하면 된다. 4단계를 기억하라!**

1부의 내용은 짧아 보이지만 아무리 강조해도 지나침이 없는, 너무너무 중요한 내용이에요. 이 기본 틀이 잡혀야 다음으로 넘어가도 흔들리지 않아요.

과연 내 실력이 늘고 있는 건가 의심이 드는 순간도 있겠지만 여러분의 실력은 분명히 늘고 있어요. 중국 속담에 '산을 옮기는 사람은 작은 돌멩이부터 옮긴다'라는 말이 있어요. 지금 여러분은 작은 돌멩이를 옮기는 중이에요. 실력이 늘고 있는지 눈에 보이지 않지만 분명 늘고 있으니 지치지 마세요!

# 02

# 말하기에 센스를 더하는 12개 느낌동사

# '나 갈지도 몰라'를 영어로 말하면?

2부에서는 영어에 느낌을 더하는 느낌동사에 대해서 배우게 됩니다. 영어의 핵심은 바로 이 느낌동사를 얼마나, 어떻게 잘 활용하느냐에 달려 있어요. 그런데 느낌동사라는 말, 무슨 뜻인지 잘 안 와 닿으시죠? 아래 예문을 살펴볼까요?

I ________ go. 나는 간다.

우리가 1부에서 계속 훈련해온 영어의 기본이에요. 사실 I go.만으로도 문장은 완성되었어요. 그렇죠? 그런데 뭔가 아쉬움이 남아요. '나는 간다'만이 아니라 '나 갈지도 몰라', '나 갈 수도 있어'라고 풍부하게 표현하고 싶어요. 그러면 그런 말을 어떻게 표현할 수 있을까요? 그게 바로 우리가 느낌동사를 알아야 하는 이유이고 2부의 목표예요.

느낌동사로 표현할 수 있는 말들은 다음과 같아요.

| | |
|---|---|
| I go. | 나는 간다. |
| I will go. | 나 갈래. |

I could go. 나 갈 수도 있어.

I might go. 나 어쩌면 갈지 몰라.

I would go. 나라면 가겠다.

어때요? '에이, 조동사를 붙인 거잖아'라는 생각, 드시죠? 맞아요. 우리가 학교에서 배운 조동사를 야나두에서는 느낌동사라고 부릅니다. 조동사는 동사를 도와주기 때문에 조동사라고 불리는데, 야나두에서는 동사에 느낌을 더해주기 때문에 느낌동사라고 불러요.

느낌동사를 잘 활용하면 굉장히 다양한 표현들을 할 수 있게 돼요. 능력치를 뜻하는 can은 물론이고 '할지도 모르지', '해야만 해' 등등의 표현도 할 수 있게 되죠. 느낌동사로 표현할 수 있는 느낌은 아홉 가지예요. 바로 **추측, 허락, 경고, 의무, 능력, 선택, 요청, 의지, 습관**이에요.

자, 그러면 1부에서 배운 것을 토대로 느낌동사가 어떻게 적용되는지 구체적으로 살펴볼게요. 1부에서 배운 기본 문장은 아래와 같아요.

He is happy. 그는 행복해.
주어 + be동사

He drinks milk. 그는 우유를 마셔.
주어 + 일반동사

여기까지는 쉽죠? 1부에서 수없이 훈련했던 것들이니까요. 그럼 여기에 느낌을 더해볼까요?

He is happy.
↓
He will be happy.
그는 행복할 거야.

He drinks milk.
↓
He will drink milk.
그는 우유를 마실 거야.

주어와 동사 사이에 '~할 거야'라는 느낌을 더해주는 will을 썼어요. 이렇게 느낌동사를 쓰면 느낌을 더할 수 있어요. 그런데 위의 문장을 다시 한번 볼까요? 그냥 will만 넣은 것이 아니라 뒤의 동사도 형태가 바뀌었어요. is는 will be로, drinks는 will drink로요.

'드디어 문법이 등장하나'라고 겁먹을 필요는 없어요. 여기서 알려드리는 간단한 두 가지 법칙만 알면 쉽게 느낌동사를 활용할 수 있으니까요.

### 법칙 1. 위치는 동사의 앞자리다.

주어 + 느낌동사 + 동사

He will be happy.

He will drink milk.

법칙 1은 간단하죠. 기억할 것은 '동사 앞에'가 전부예요. 즉, '느낌동사의 위치는 동사의 앞자리다'.

### 법칙 2. 동사의 꼴이 바뀐다. 동사원형으로!

주어 + 느낌동사 + 동사원형

He will be happy. He will drink milk.

1부에서 동사는 크게 두 가지 종류가 있다고 했어요. 바로 be동사와 일반동사예요. 느낌동사를 사용하게 되면 be동사는 am, are, is로, 일반동사는 동사원형으로 써주면 됩니다.

| be동사 | am<br>are<br>is | ⇨ | be |
|---|---|---|---|

| 일반동사 | ⇨ | 동사원형 |
|---|---|---|

몇 가지 예를 보면 금방 이해될 거예요.

She is busy. ⇨ She will be busy.
They are here. ⇨ They will be here.
She talks. ⇨ She will talk.
She studies. ⇨ She will study.

이 법칙들이 입에 붙어서 바로 나올 수 있도록 계속해서 훈련해주세요.

# 원어민 느낌을
# 살려주는
# 필수 느낌동사 7

**can** 원어민이 가장 많이 쓰는 느낌동사

**could** '~일 수도 있어'를 표현하고 싶을 때

**should** 부드러운 카리스마, 강제성 없는 권유

**will** 강한 의지에서부터 공손한 부탁의 느낌까지

**would** will의 과거로만 알기에는 너무 아까운 느낌동사

**may** 희박한 가능성을 표현하고 싶을 때

**must** 강한 느낌을 표현하고 싶을 때

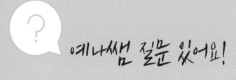

**Q. 문법을 몰라도 영어회화가 가능할까요?
'주어 + 동사', 이것도 문법 아닌가요?**

**A.** 언어의 법칙에는 문법과 어법, 두 가지가 있어요.
문법은 시험을 보기 위해 공부하는 단편적인 지식이고,
어법은 원어민들이 실제로 말을 하는 순서를 정리한 말의 법칙이에요.
**야나두 영어회화의 목표는 어법을 내 것으로 만드는 거예요.**
**말하는 방법, 골격을 잡자는 거예요.**
1부에서 배운 것들이 어법이라고 생각하시면 돼요.
한번 잡은 골격은 절대 까먹지 않아요.
자전거 타는 법을 배우면 1년 뒤에도 탈 수 있잖아요.
회화도 마찬가지예요. 어법을 익혀두면
언제, 어디서든 말할 수 있지요.

# can
# 원어민이 가장 많이 쓰는 느낌동사

첫 번째 느낌동사는 can입니다. 너무 쉬워 보이나요? 맞아요. 우리가 너무나 잘 알고 있는 느낌동사죠. 그런데 can을 실제로 회화에서 써보셨나요? 어떤 느낌인지 알고 있나요?

원어민들이 가장 많이 쓰는 느낌동사가 바로 can입니다. can은 '~할 수 있다'라는 뜻으로 가장 많이 알려져 있어요. 하지만 이것 말고도 여러 느낌을 표현할 수 있어요. can의 대표적인 의미는 '능력', '허락', '추측'입니다.

## can의 세 가지 느낌

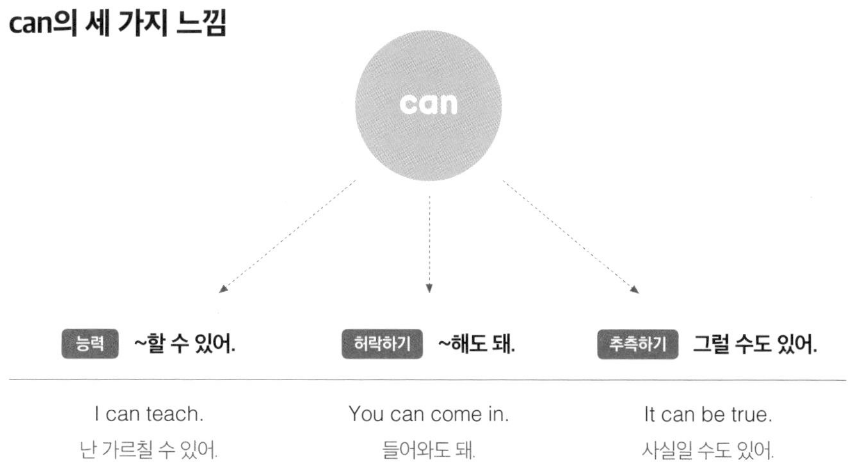
can
능력 ~할 수 있어.
허락하기 ~해도 돼.
추측하기 그럴 수도 있어.
I can teach.
난 가르칠 수 있어.
You can come in.
들어와도 돼.
It can be true.
사실일 수도 있어.

## 느낌 1. 능력 **I can teach.** 난 가르칠 수 있어.

'할 수 있어', 즉 능력의 느낌을 표현하는 can. 긍정문에서는 can 뒤에 나오는 동사원형에 강세를 두고, 부정문에서는 can't에 강세를 넣어 말해보세요.

| | |
|---|---|
| I can teach. | 난 가르칠 수 있어. |
| I can't teach. | 난 가르칠 수 없어. |
| Can you teach? | 넌 가르칠 수 있어? |
| You can help me. | 넌 나를 도와줄 수 있어. |
| You can't help me. | 넌 나를 도와줄 수 없어. |
| Can you help me? | 나를 도와줄 수 있어? |
| They can play the song. | 그들은 그 곡을 연주할 수 있어. |
| They can't play the song. | 그들은 그 곡을 연주할 수 없어. |
| Can they play the song? | 그들은 그 곡을 연주할 수 있어? |

### REAL Conversation

Can you eat this whole cake?
넌 이 케이크 다 먹을 수 있어?

Of course.
당연하지.

## 느낌 2. 허락하기 **You can come in.** 들어와도 돼.

can은 능력의 느낌이 너무 강해서 또 다른 느낌이 있다는 걸 다들 잘 모르세요. can에는 허락의 느낌이 있어요. '나 들어가도 돼?', '응, 들어와도 돼'와 같은 느낌이죠. 오른쪽 한국어 문장을 보고 실제로 말하듯이 연습해보면 도움이 됩니다. 긍정문과 의문문은 상냥하게, 부정문은 can't에 강세를 주면서 단호하게 연습해보세요.

| | |
|---|---|
| You can come in. | 들어와도 돼. |
| Can I come in? | 들어가도 돼? |
| You can tell him. | 그한테 말해도 돼. |
| You can't tell him. | 그한테 말하면 안 돼. |
| You can throw it away. | 버려도 돼. |
| Can I throw it away? | 버려도 돼? |

### REAL Conversation

Mom, can I go and play at 슈가's house?
엄마, 저 슈가네 집에서 놀아도 돼요?

No, you can't. You didn't finish your homework.
아니, 안 돼. 너 숙제 다 안 했잖아.

## 느낌 3. 추측하기 **It can be true.** 사실일 수도 있어.

can은 추측의 느낌을 가지고 있기도 해요. 좀 더 쉽게 풀어보자면 가능성을 표현할 때 쓴다고 할 수 있어요. '~할 수도'라는 말을 하고 싶을 때 사용하면 돼요. 반반의 확률보다는 좀 더 높은 60퍼센트의 가능성이 있을 때 쓰면 됩니다.

| | |
|---|---|
| It can be true. | 사실일 수도 있어. |
| It can't be true. | 사실일 리가 없어. |
| Can it be true? | 사실일까? |
| You can be arrested. | 넌 체포될 수도 있어. |
| You can't be arrested. | 넌 체포될 리 없어. |
| Can he be arrested? | 그가 체포될까? |
| She can be rich. | 그녀가 부자일 수도 있어. |
| She can't be rich. | 그녀가 부자일 리가 없어. |
| Can she be rich? | 그녀가 부자일까? |

### REAL Conversation

Hey, look at this video clip. Can this be real?
이 영상 좀 봐. 이게 진짜일까?

This can't be real.
이게 진짜일 리가 없어.

# could
## '~일 수도 있어'를 표현하고 싶을 때

could는 can의 과거예요. 그래서 첫 번째로는 과거의 능력을 뜻합니다. '(지금은 못 하지만) 나 수영할 수 있었어', '(어렸을 때는) 피아노를 칠 수 있었어'라고 말할 때 사용하면 돼요. 두 번째로는 추측의 의미를 갖고 있어요. 이게 could의 가장 중요한 느낌이죠. could가 추측일 때는 5 대 5의 확률을 지닌 느낌, 그러니까 그럴 수도 있고 아닐 수도 있는, 반반의 느낌을 갖습니다. 추측의 느낌일 때는 can보다 could가 많이 쓰여요. 마지막으로는 Could you do me a favor(도와주시겠습니까)?처럼 요청의 의미를 갖고 있어요.

### could의 세 가지 느낌

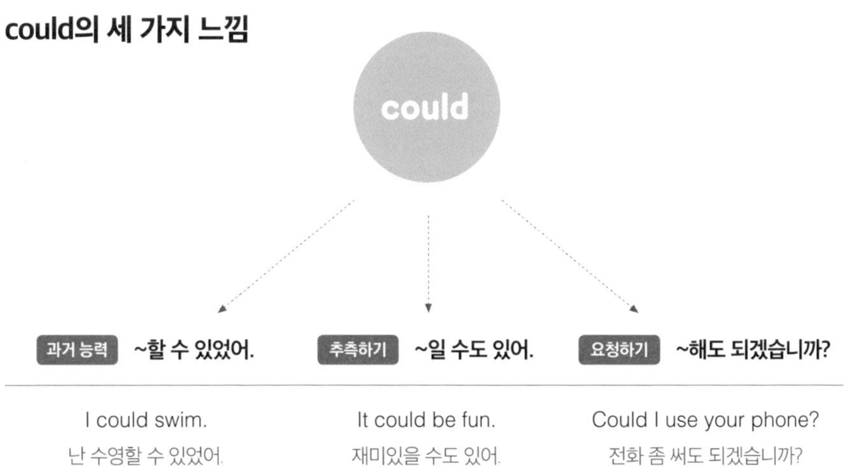

could
과거 능력
~할 수 있었어.
추측하기
~일 수도 있어.
요청하기
~해도 되겠습니까?
I could swim.
난 수영할 수 있었어.
It could be fun.
재미있을 수도 있어.
Could I use your phone?
전화 좀 써도 되겠습니까?

## 느낌 1. 과거 능력 **I could swim.** 난 (과거에) 수영할 수 있었어.

could의 첫 번째 느낌은 과거 능력입니다. '과거에 할 수 있었어'의 느낌으로 가볍게 훑어보고 넘어가면 돼요. 한 가지 팁을 드리면 could는 '쿠'가 아닌 '크'에 가깝게 발음하세요. 여기서 의문문은 be able to 형태로 바뀌니 주의하세요. Could 의문문은 요청의 느낌이 강하기 때문입니다.

| | |
|---|---|
| I could swim. | 난 수영할 수 있었어. |
| I couldn't swim. | 난 수영할 수 없었어. |
| Were you able to swim? | 넌 수영할 수 있었니? |
| He could run fast. | 그는 빨리 뛸 수 있었어. |
| He couldn't run fast. | 그는 빨리 뛸 수 없었어. |
| Was he able to run fast? | 그는 빨리 뛸 수 있었니? |
| They could win the game. | 그들은 게임을 이길 수 있었어. |
| They couldn't win the game. | 그들은 게임을 이길 수 없었어. |
| Were they able to win the game? | 그들이 게임을 이길 수 있었니? |

### REAL Conversation

Did you say you can play the piano?
너 피아노 칠 수 있다고 하지 않았어?

I could play the piano 10 years ago.
10년 전에 피아노를 칠 수 있었지.

## 느낌 2. 추측하기 **It could be fun.** 재미있을 수도 있어.

(재미 없을 수도 있지만)

could의 가장 중요한 느낌은 추측하기예요. 추측에는 can과 could가 모두 쓰이지만, could가 좀 더 많이 쓰입니다. could는 가능성이 50퍼센트 정도일 때 사용해요. 반반의 확률인 거죠. 반면 can은 좀 더 확신에 가까워요.

그런데 일상 회화에서는 '난 50퍼센트 확신해', '난 60퍼센트 확신해'라는 식으로 말하지는 않잖아요? 원어민들은 추측의 의미를 담기 위해 could를 자주 사용합니다.

| | |
|---|---|
| It could be fun. | 재미있을 수도 있어. |
| It couldn't be fun. | 재미있을 리가 없어. |
| Could it be fun? | 재미있을까? |
| I could be right. | 내가 옳을 수도 있어. |
| I couldn't be right. | 내가 옳을 리가 없어. |
| Could I be right? | 내가 옳을 수도 있을까? |

### REAL Conversation

How about this movie?
이 영화 어때?

It could be fun.
재미있을 수도 있어.

## 느낌 3. 요청하기 Could I use your phone?

전화 좀 써도 될까요? (공손하게)

무언가를 요청하거나 공손하게 부탁할 때 could를 자주 사용합니다. 공손한 느낌이 있기 때문에 특히 윗사람이나 초면인 사람 또는 손님 등에게 쓰는 것이 좋아요. can과 비교해보면 Can I go?는 '나 가도 돼?' 정도의 느낌이지만 Could I go?는 '제가 가도 될까요?'처럼 공손한 느낌이에요.

| | |
|---|---|
| Could I use your phone? | 전화 좀 써도 되겠습니까? |
| Could I open this? | 이걸 열어봐도 되겠습니까? |
| Could I speak to Yanadoo? | 야나두와 통화할 수 있겠습니까? |
| Could I leave now? | 지금 가도 되겠습니까? |
| Could I take your order? | 주문 받아도 되겠습니까? |
| Could I change the channel? | 채널을 돌려도 되겠습니까? |
| Could I try this on? | 이거 입어봐도 되겠습니까? |

### REAL Conversation

Could I borrow your laptop?
노트북을 좀 써도 될까요?

I'm sorry. The battery is dead.
죄송해요. 배터리가 다됐네요.

# should
## 부드러운 카리스마, 강제성 없는 권유

should의 사전적인 의미는 의무예요. '~해야 한다'의 뜻이죠. 이렇게 말하니 must가 떠오르죠? 우리는 사전적 의미가 아니라 느낌동사가 쓰이는 느낌을 알아야 해요. should의 첫 번째 느낌은 강제성이 전혀 없는 '~해'의 느낌입니다. 권유와 충고의 느낌이지만 듣는 사람은 해도 되고, 안 해도 돼요. 그러니 무조건 해야 하는 must랑은 전혀 다르죠. should의 두 번째 느낌은 추측이에요. '~일 거야', 70퍼센트의 확신을 가진 추측의 느낌입니다.

### should의 두 가지 느낌

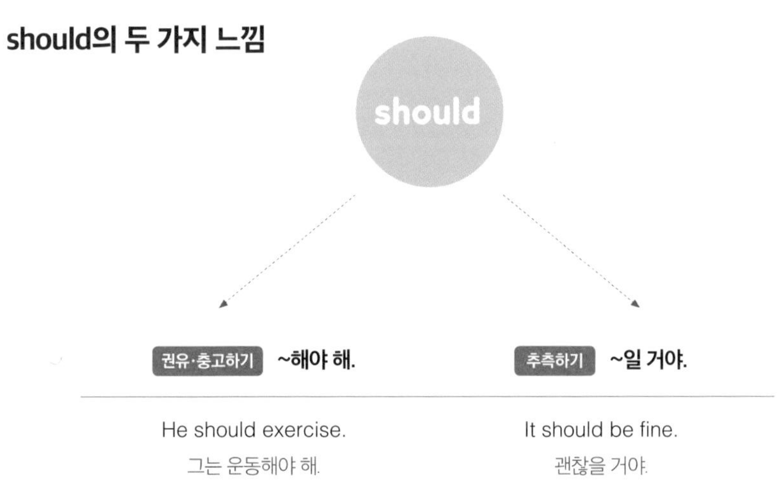
should
권유·충고하기 ~해야 해.
He should exercise.
그는 운동해야 해.
추측하기 ~일 거야.
It should be fine.
괜찮을 거야.

## 느낌 1. 권유·충고하기

## He should exercise.

그는 운동해야 해. (안 하면 어쩔 수 없고)

'~해야지', '~해봐' 등 권유나 충고의 느낌을 가진 should예요. 하지만 should는 강제성이 있는 충고는 아니에요. 그래서 반드시 해야 하는 것은 아니지요. 하든 말든 듣는 사람의 결정에 맡긴다는 의도로 should를 쓰면 됩니다.

| | |
|---|---|
| He should exercise. | 그는 운동해야 해. |
| He shouldn't exercise. | 그는 운동하지 말아야 해. |
| Should he exercise? | 그는 운동해야 해? |
| You should go home. | 넌 집에 가야 해. |
| You shouldn't go home. | 넌 집에 가지 말아야 해. |
| Should I go home? | 난 집에 가야 해? |
| I should apologize. | 난 사과해야 해. |
| I shouldn't apologize. | 난 사과하지 말아야 해. |
| Should I apologize? | 내가 사과해야 해? |

### REAL Conversation

진, we should leave now.
진아, 우리 이제 나가야 해.

Oh, yeah? I should finish brushing my teeth.
아, 그래? 난 양치 좀 마저 해야 해.

느낌 2. 추측하기

## It should be fine.

괜찮을 거야. (이제, 정말로 괜찮을 거야.)

should도 추측의 느낌으로 사용합니다. 'can, could, should까지. 추측이 왜 이렇게 많아'라는 생각이 드시죠? 얼마나 추측을 확신하는지에 따라 정리해보면 should 〉can〉 could예요. should는 70퍼센트 정도의 확신을 담고 있어요. 그렇지만 실제 회화에서는 추측의 느낌으로는 could가 가장 많이 쓰이고 should는 잘 쓰이지 않으니 가볍게 보고 넘어가세요.

| | |
|---|---|
| It should be fine. | 괜찮을 거야. |
| It shouldn't be fine. | 괜찮지 않을 거야. |
| It should be available. | 이용 가능할 거야. |
| It shouldn't be available. | 이용 가능하지 않을 거야. |
| They should be ready by now. | 그들 지금쯤 준비됐을 거야. |
| They shouldn't be ready by now. | 그들 지금 준비되지 않았을 거야. |

### REAL Conversation

Don't worry. He should be fine.
걱정하지 마. 걔 괜찮을 거야.

You are right. Everything should be okay.
네 말이 맞아. 모든 게 다 괜찮을 거야.

# will 강한 의지에서부터 공손한 부탁의 느낌까지

will 하면 가장 먼저 뭐가 떠오르시나요? 미래 시제, '~할 것이다'가 바로 떠오르시죠? 네, 맞아요. will은 미래를 의미할 때 써요. 그런데 문제는 이 인식이 너무 강하다 보니 다른 느낌을 사용하지 못한다는 거예요.

will에는 '나 좀 도와줄래?' 같은 부탁의 느낌이 있고, '살을 빼고야 말겠어'와 같은 미래에 대한 강한 의지를 표현하는 느낌도 있어요. 여기서는 크게 의문문의 형태냐, 평서문의 형태냐로 나눠서 살펴볼 거예요. 차근차근 따라오세요.

### will의 네 가지 느낌

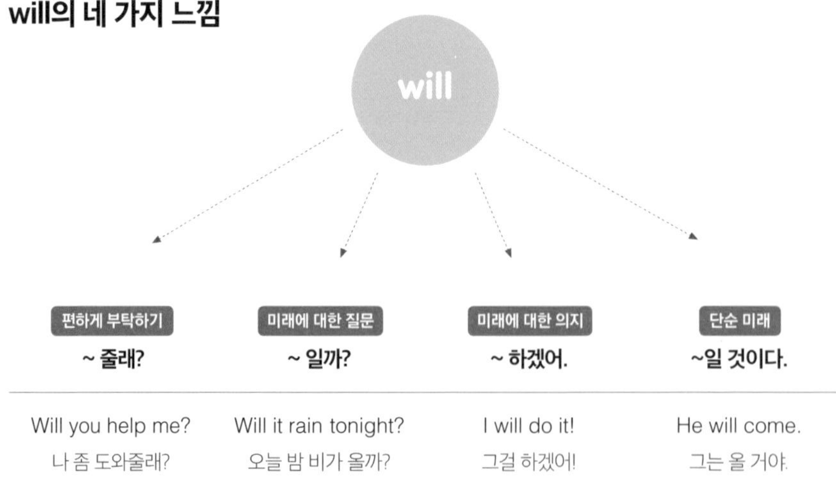

**느낌1. 편하게 부탁하기** **Will you help me?** 나 좀 도와줄래?

Will you~?는 누군가에게 무언가를 부탁할 때 쓰는 느낌이에요. can을 활용하여 부탁하는 문장은 실제로 그 부탁을 들어줄 능력이 있는지를 묻는 느낌이 강하다면, will은 능력과는 관계없이 미래에 이 부탁을 들어줄 것인지 의향을 묻는 느낌이 강합니다.

| | |
|---|---|
| Will you help me? | 나 좀 도와줄래? |
| Will you marry me? | 나와 결혼해줄래? |
| Will you stop? | 좀 멈춰줄래? |
| Will you come with me? | 나랑 같이 가줄래? |
| Will you scratch my back? | 내 등 좀 긁어줄래? |
| Will you answer me? | 대답 좀 해줄래? |
| Will you turn it up? | 소리 좀 키워줄래? |
| Will you pick me up? | 나 좀 데리러 와줄래? |
| Will you sit down and listen? | 앉아서 내 말 좀 들어봐줄래? |

## REAL Conversation

Will you help me cook?
나 요리하는 것 좀 도와줄래?

Okay, I'm coming!
그래, 지금 가!

## 느낌 2. 미래에 대한 질문 Will it rain tonight?

오늘 밤 비가 올까? (잘 모르겠지만)

느낌 1이 Will you~?의 형태로 '~해줄래?'로 해석된다면, 느낌 2는 will과 3인칭 주어인 he, she, they, it이 결합된 의문문으로 '~일까?'의 느낌을 갖습니다. 예측할 수 없는 미래에 대한 의문을 표현할 때 씁니다.

| | |
|---|---|
| Will it rain tonight? | 오늘 밤 비가 올까? |
| Will it start soon? | 금방 시작할까? |
| Will it break? | 부러질까? |
| Will it happen? | 그 일이 일어날까? |
| Will it be expensive? | 비쌀까? |
| Will she be absent? | 그녀가 결석할까? |
| Will she come? | 그녀가 올까? |
| Will they go? | 그들이 갈까? |
| Will they fight? | 그들이 싸울까? |

### REAL Conversation

Will it rain tonight?
오늘 밤에 비가 올까?

I think so.
그럴 것 같아.

## 느낌 3. 미래에 대한 의지 **I will do it!** 그걸 하겠어! (반드시, 꼭)

will이 평서문에 쓰이면 고집이 담긴 의지를 표현합니다. 다이어트를 결심한 사람들이 '나 살 뺄 거야'라고 말하는 느낌이에요. 그래서 will에 '의지'를 담아 힘을 실어 말하면 그 느낌이 살아날 수 있어요. 부정 '~하지 않겠어'는 will not의 줄임말인 won't로 기억하세요.

| | |
|---|---|
| I will do it! | 그것을 하겠어! |
| I won't do it! | 그것을 하지 않겠어! |
| I will quit smoking! | 담배를 끊겠어! |
| I won't quit smoking! | 담배를 끊지 않겠어! |
| I will change my mind! | 생각을 바꾸겠어! |
| I won't change my mind! | 생각을 바꾸지 않겠어! |

## REAL Conversation

I'm ready. I will call him!
난 준비됐어. 걔한테 전화할 거야!

I bet ₩500 you won't call him.
걔한테 전화 안 한다는 데에 500원 건다.

## 느낌 4. 단순 미래 **He will come.** 그는 올 거야.

will의 네 번째 느낌은 당연한 미래입니다. 미래에 대한 얘기를 하지만, 말하는 이의 의지가 담겨 있지 않다는 것이 포인트입니다. 의지를 담은 will은 말할 때도 강조해서 발음하지만, 단순한 미래를 말할 때의 will은 그냥 흘러가듯 자연스럽게 발음하면 됩니다.

| | |
|---|---|
| He will come. | 그는 올 거야. |
| He won't come. | 그는 오지 않을 거야. |
| He will pay for it. | 그가 돈을 낼 거야. |
| He won't pay for it. | 그가 돈을 내지 않을 거야. |
| I will take it. | 내가 가져갈게. |
| I won't take it. | 내가 안 가져갈래. |

### REAL Conversation

Cheer up. It will be okay.
힘내. 괜찮을 거야.

Thanks. I hope so.
고마워. 나도 그러길 바라.

# would
## will의 과거로만 알기에는 너무 아까운 느낌동사

would를 will의 과거형으로만 알고 있는 사람들이 많아요. 하지만 그렇게만 알고 있기에는 놓치는 것이 너무나 많은 아까운 느낌동사예요.

would는 will의 과거형일 뿐만 아니라 추측의 의미로도 써요. could와 함께 원어민들이 많이 쓰는 느낌동사입니다. 80퍼센트의 강한 확신을 표현할 때 써요. 또한 공손하게 표현할 때도 사용하죠. 느낌동사 중에 가장 공손한 느낌이에요.

### would의 세 가지 느낌

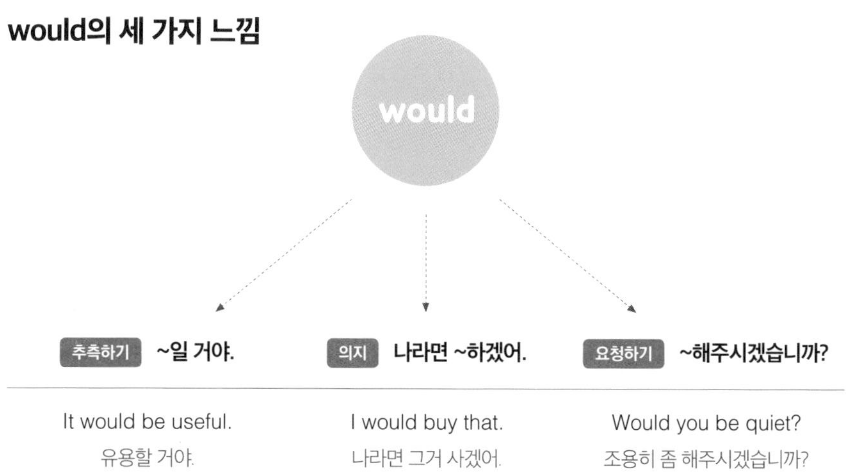

## 느낌 1. 추측하기 It would be useful. 유용할 거야. (정말로)

would는 추측의 의미를 나타내는 느낌동사 중에서 자주 쓰이는 편에 속해요. 추측의 의미로 자주 쓰이는 느낌동사 could와 비교해볼까요? could가 반반의 가능성을 의미한다면 would는 80퍼센트의 가능성을 의미해요. '이건 유용할 거야'라는 문장이 있을 때 could를 쓰면 '유용할 수도 있고, 아닐 수도 있어'의 느낌이지만 would를 쓰면 '정말 유용할 거야'라는 느낌을 갖게 됩니다.

| | |
|---|---|
| It would be useful. | 유용할 거야. |
| It wouldn't be useful. | 유용하지 않을 거야. |
| Would it be useful? | 유용할까? |
| It would be impossible. | 불가능할 거야. |
| It wouldn't be impossible. | 불가능하지 않을 거야. |
| Would it be impossible? | 불가능할까? |

### REAL Conversation

Do you want to go see a movie?
영화보러 갈래?

It would be fun.
재미있을 거야.

## 느낌 2. 의지 I would buy that.

나라면 그거 사겠어. (기꺼이, 당연히)

will과 비교해보면 의미가 좀 더 명확해집니다. I will buy.라고 하면 그냥 '살 거야' 정도의 의미이지만 would가 들어가면 '기꺼이 사겠어', '나라면 당연히 사겠어'와 같은 강한 의지를 표현합니다. will이 '어떤 것을 할 것이다'라는 계획이라면, would는 '어떤 것을 할 명확한 계획은 없지만 그럴 의향은 있다'라는 각오의 느낌을 담고 있습니다.

| | |
|---|---|
| I would buy that. | 나라면 그거 사겠어. |
| I wouldn't buy that. | 나라면 그거 사지 않겠어. |
| Would you buy that? | 너라면 그거 사겠어? |
| I would go on a trip. | 나라면 여행 가겠어. |
| I wouldn't go on a trip. | 나라면 여행 가지 않겠어. |
| Would he go on a trip? | 그라면 여행을 가겠어? |

### REAL Conversation

Would you take the bus?
너라면 버스 타겠어?

I wouldn't take the bus. I would carpool.
나라면 버스 안 타고 카풀 하겠어.

## 느낌 3. 요청하기 **Would you be quiet?**

조용히 좀 해주시겠습니까? (공손하게)

could보다 조금 더 공손한 느낌을 나타낼 때 쓰는 느낌동사가 would예요. 모든 느낌동사 중 가장 공손한 표현이라고 볼 수 있어요. 문장에 please를 붙이면 더욱 공손한 느낌을 더할 수 있습니다.

| | |
|---|---|
| Would you be quiet? | 조용히 좀 해주시겠습니까? |
| Would you clean this? | 이것 좀 닦아주시겠습니까? |
| Would you listen to me? | 제 말 좀 들어주시겠습니까? |
| Would you hold this? | 이것 좀 들어주시겠습니까? |
| Would you open this? | 이것 좀 열어주시겠습니까? |
| Would you bring it? | 그걸 좀 가져와 주시겠습니까? |
| Would you close the door? | 문 좀 닫아주시겠습니까? |
| Would you speak up? | 크게 좀 말씀해주시겠습니까? |
| Would you pass me the remote? | 리모컨 좀 건네주시겠습니까? |

### REAL Conversation

Would you cool it for me?
이것 좀 차갑게 해주실래요?

Of course. It'll take just a second.
당연하지. 잠깐이면 돼.

# may
## 희박한 가능성을 표현하고 싶을 때

may는 May I help you?로 익숙한 느낌동사죠? 여기서 may는 공손하게 허락을 구하는 느낌동사예요. 그런데 그렇게만 알기에는 아까워요. 추측의 느낌으로 많이 쓰이거든요.

사실 may(might)는 추측의 느낌으로 원어민들이 많이 쓰는 느낌동사로 손꼽혀요. 확신이 거의 없을 때 쓰는 느낌동사로 기억하시면 됩니다.

### may의 두 가지 느낌

may
추측하기 ~일지 몰라.
I may(might) go.
난 갈지도 몰라.
허락하기 ~하셔도 됩니다.
You may go.
가셔도 됩니다.

## 느낌 1. 추측하기 I may(might) go. 난 갈지도 몰라. (확신은 없지만)

추측으로 쓰일 때 may는 과거형인 might와 똑같은 의미입니다. may는 추측의 의미를 나타내는 느낌동사 중 가장 약한 가능성을 담고 있어요. 확신이 거의 없는 상태라고 생각하시면 됩니다. 참, may와 be가 붙어 있는 maybe는 '아마도'라는 뜻을 가진 부사로, 느낌동사와는 다르니 주의하세요.

| | |
|---|---|
| I may(might) go. | 난 갈지도 몰라. |
| I may(might) not go. | 난 안 갈지도 몰라. |
| You may(might) think so. | 네가 그렇게 생각할 수도 있지. |
| You may(might) not think so. | 네가 그렇게 생각하지 않을 수도 있지. |
| He may(might) be single. | 그는 미혼일지도 몰라. |
| He may(might) not be single. | 그는 미혼이 아닐지도 몰라. |
| It may(might) be all. | 그게 다일지도 몰라. |
| It may(might) not be all. | 그게 다가 아닐지도 몰라. |

### REAL Conversation

I may go to Busan.
난 부산에 갈지도 몰라.

When? It may rain this weekend.
언제? 이번 주말에 비가 올지도 몰라.

## 느낌 2. 허락하기 **You may go.** 가셔도 됩니다. (공손하게)



may는 공손하게 허락하는 느낌을 주는 느낌동사로, could와 비슷한 수준의 공손함을 표현합니다. 그리고 may가 허락의 느낌으로 사용될 때는 추측할 때와는 달리 might으로 바꿔 말할 수 없습니다.

| | |
|---|---|
| You may go. | 가셔도 됩니다. |
| You may not go. | 가시면 안 됩니다. |
| May I go? | 가도 될까요? |
| You may take it. | 가져가셔도 됩니다. |
| You may not take it. | 가져가시면 안 됩니다. |
| May I take it? | 가져가도 될까요? |
| You may park here. | 여기에 주차하셔도 됩니다. |
| You may not park here. | 여기에 주차하시면 안 됩니다. |
| May I park here? | 여기에 주차해도 될까요? |

### REAL Conversation

May I sit here?
여기 앉아도 될까요?

I'm sorry. This seat is taken.
죄송한데 이 자리는 이미 주인이 있어요.

# must
# 강한 느낌을 표현하고 싶을 때

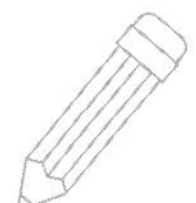

강한 의무를 나타내는 must는 강한 추측의 느낌도 가지고 있어요. '~한 게 분명해'라고 말할 때 must를 쓰는 것이죠. 그런데 문장만 보면 의무와 추측이 구분이 잘 안 가요. You must be honest.라는 문장은 '너는 정직해야만 해'도 될 수 있고, '너는 정직한 게 틀림없어'도 될 수 있어요. 어떻게 구분하냐고요? 앞뒤 맥락으로 파악해야 하죠. 상황 속에서 판단한다는 것, 잊지 마세요.

### must의 두 가지 느낌

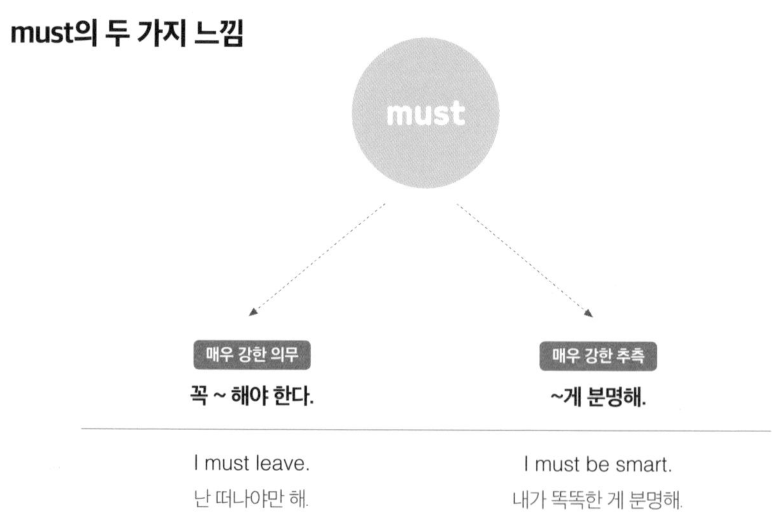

**느낌 1. 매우 강한 의무**

## I must(have to) leave.

난 꼭 떠나야만 해. (안 떠나면 안 돼)

꼭, 반드시 어떤 것을 해야만 하는 의무를 나타낼 때 사용하는 must는 have to와 똑같아요. 그래서 must와 have to를 같이 연습해두는 것이 좋습니다. 단, 부정문의 경우 의미가 완전히 달라져요. You must not go.는 '너 절대 가면 안 돼'를 뜻하지만, You don't have to go.는 '넌 갈 필요가 없어'라는, 불필요를 의미합니다. 의문문은 have to를 사용합니다.

| | |
|---|---|
| I must leave. | 난 꼭 떠나야만 해. |
| I must not leave. | 난 절대로 떠나면 안 돼. |
| Do I have to leave? | 내가 꼭 떠나야만 하니? |
| You must listen. | 넌 꼭 들어야만 해. |
| You must not listen. | 넌 절대로 들으면 안 돼. |
| Do you have to listen? | 넌 꼭 들어야만 하니? |

### REAL Conversation

I must finish this project.
이 프로젝트를 끝내야만 해.

You're right. You must not give up.
맞는 말이야. 절대로 포기하면 안 돼.

## 느낌 2. 매우 강한 추측 **I must be smart.** 내가 똑똑한 게 분명해.

must는 추측의 의미를 나타내는 느낌동사 중에서 99퍼센트의 매우 강한 확신을 표현할 때 사용합니다. 이때 주의할 점은, 부정문에는 must not을 쓰지 않고, cannot을 쓴다는 것입니다.

| | |
|---|---|
| I must be a superman. | 내가 슈퍼맨인 게 틀림없어. |
| I can't be a superman. | 내가 슈퍼맨일 리가 없어. |
| He must be Korean. | 그는 한국 사람인 게 틀림없어. |
| He can't be Korean. | 그가 한국 사람일 리가 없어. |
| He must be rich. | 그는 부자인 게 틀림없어. |
| He can't be rich. | 그는 부자일 리가 없어. |

### REAL Conversation

She has a beautiful voice. She must be a singer.
목소리가 너무 예쁘다. 가수인 게 분명해.

You're right.
맞아.

# 이쯤에서 필수 느낌동사 정리!

이쯤에서 'He can cry.라는 문장만 보고 can이 능력인지, 허락인지, 추측인지 어떻게 알 수 있을까?'라는 의문이 생길 거예요.

사실 He can cry.는 세 가지 상황에 모두 쓰일 수 있어요. 예를 들어볼까요?

능력 : (우는 연기를 할 수 있을까 망설이는 배우에게 감독이) "그는 울 수 있어."

허락 : (그는 이 사건에 대해 울 자격이 있다는 의미에서) "그는 울어도 돼."

추측 : (장난 치는 친구에게 그러지 말라며) "그가 울 수도 있어."

그러면 이걸 어떻게 파악해야 할까요? 그건 상황과 문맥에 달려 있어요. 한국어로 비교해볼까요? 예를 들어 '배'에는 어떤 의미가 있을까요?

| | |
|---|---|
| 배 타고 가자. | 운송 수단 |
| 배가 맛있다. | 먹는 과일 |
| 배가 아프다. | 신체 부위 |

어때요? 같은 '배'이지만 의미 파악이 어렵지는 않죠? 영어도 마찬가지예요.

상황 속에서 의미가 변하는 것이기 때문에 상황을 정확히 이해한다면 사용하거나 알아듣는 데 무리가 없습니다.

그런데 하나의 느낌동사에 여러 의미가 담겨 있기도 하지만, 각각의 느낌동사가 비슷한 의미로 쓰이는 경우도 많아요. 지금까지는 느낌동사별로 접근했기 때문에 많이 헷갈리실 거예요. 이런 헷갈림을 날려버리기 위해 느낌별로 느낌동사를 정리해볼게요.

### 1. 추측의 느낌

| must | > | will | > | would | > | should | > | can | > | could | > | may(might) |
|---|---|---|---|---|---|---|---|---|---|---|---|---|
| 99퍼센트 | | 90퍼센트 | | 80퍼센트 | | 70퍼센트 | | 60퍼센트 | | 50퍼센트 | | 35퍼센트 |

거의 대부분의 느낌동사가 추측의 느낌을 가지고 있지만 원어민이 자주 사용하는 세 가지만 기억하세요. 바로 would, could, may(might)예요. would는 80퍼센트의 확신, could는 50퍼센트의 확신, may(might)는 35퍼센트 정도의 확신을 의미합니다. 특히 would는 가정하는 상황에서 자주 사용합니다.

It would be hot. 뜨거울 거야.
It could be hot. 뜨거울 수도 있어.
It may(might) be hot. 뜨거울지도 몰라.

## 2. 의무의 느낌

should와 must로 의무의 느낌을 나타낼 수 있어요. must의 경우 너무 느낌이 강하기 때문에 상황에 따라 should를 적절히 활용하면 좋아요. should는 해도 되고 안 해도 된다는, 좀 더 부드러운 의미를 담을 수 있으니까요.

You must come. 너 꼭 와야 돼.

You should come. 너 와~.

## 3. 요청의 느낌

요청의 느낌으로 쓸 수 있는 느낌동사는 can, could, will, would입니다. 이 느낌동사들을 공손함의 정도로 나열하면 would > could > can = will 정도가 될 거예요. 보통 would는 처음 만나 깍듯한 예의가 필요할 때, could는 친한 사이라도 예의를 갖추고 싶을 때 사용해요.

Would you open this? 이거 열어주시겠습니까?

Could you open this? 이거 열어주시겠습니까?

Can you open this? 이거 열어줄래?

Will you open this? 이거 열어줄래?

## • 필수 느낌동사 연습하기 •

주어진 기본 문장에 느낌동사를 활용하여 한국어 문장을 영어 문장으로 바꾸어 말해보세요.

### 추측하기 : would, could, may(might)

| 한국어 | 영어 |
|---|---|
| 그는 똑똑할 거야. | He would be smart. |
| 그는 똑똑할 수도 있어. | He could be smart. |
| 그는 (어쩌면) 똑똑할지도 몰라. | He may(might) be smart. |
| 그들은 여기 있을 거야. | They would be here. |
| 그들은 여기 있을 수도 있어. | They could be here. |
| 그들은 (어쩌면) 여기 있을지도 몰라. | They may(might) be here. |
| 그녀는 갈 거야. | She would go. |
| 그녀는 갈 수도 있어. | She could go. |
| 그녀는 (어쩌면) 갈지도 몰라. | She may(might) go. |
| 재미있을 거야. | It would be fun. |
| 재미있을 수도 있어. | It could be fun. |
| (어쩌면) 재미있을지도 몰라. | It may(might) be fun. |

## 의무 : should, must

| 한국어 | 영어 |
|---|---|
| 그는 반드시 요리를 해야 해. | He must cook. |
| 그는 요리해야 해(하기 싫으면 말고). | He should cook. |
| 너는 반드시 청소해야 해. | You must clean it. |
| 너는 청소해야 해(하기 싫으면 말고). | You should clean it. |
| 너 운동해야 해. | You must exercise. |
| 너 운동해야 해(하기 싫으면 말고). | You should exercise. |

## 허락/요청하기 : can, could, will, would

| 한국어 | 영어 |
|---|---|
| 제가 여기 주차해도 될까요? | Could I park here? |
| 여기 주차해주시겠습니까?(매우 공손하게) | Would you park here? |
| 나 여기 주차해도 돼? | Can I park here? |
| 제가 커피 마셔도 될까요? | Could I drink coffee? |
| 나 커피 마셔도 돼? | Can I drink coffee? |
| 좀 멈춰줄래?(일상에서 편하게) | Will(Can) you stop? |
| 멈춰주시겠습니까?(매우 공손하게) | Would you stop? |

# 영어를
# 잘하는 것처럼
# 보이게 하는
# 확장편
# 느낌동사 5

**had better** 경고나 가벼운 협박을 하고 싶을 때

**would like to** want to보다 공손하게 말하고 싶을 때

**gotta** '미드'에서 가장 많이 쓰는 표현

**have to** gotta보다 격식 있게 말하고 싶을 때

**be supposed to** 부드러운 강요를 표현할 때

# had better

## 경고나 가벼운 협박을 하고 싶을 때

had better는 '~하는 것이 낫다'로 배워서 선택의 느낌이라고 생각하시는 분이 많아요. 하지만 had better는 선택이 아닌 의무, '~해라'라는 경고에 가까운 느낌이에요. '~해라'의 느낌이 '안 하기만 해봐' 정도의 경고나 협박에 가깝기 때문에 아랫사람이나 친구에게는 쓸 수 있지만 윗사람에게는 잘 사용하지 않는다는 것도 잊지 마세요.

### had better의 느낌

You'd better tell him.

그에게 말해라.

[비교]
의무(경고)의 느낌동사

must
have to
should

## 느낌. 경고 You'd better tell him. 그에게 말해라. (말 안하기만 해)

여기서 '~해'는 협박에 가까운 경고예요. 마치 '너 말해. 안 하면 용돈 없어. 큰 일 날 줄 알아' 정도의 느낌이에요. 그런 느낌을 살려서 아래 예문을 연습해 보세요.

| | |
|---|---|
| You'd better tell him. | 그에게 말해라. (말 안 하기만 해.) |
| You'd better not tell him. | 그에게 말하지 마라. |
| You'd better see a doctor. | 병원에 가라. (안 가기만 해.) |
| You'd better not see a doctor. | 병원에 가지 마라. |
| You'd better stay here. | 여기 있어라. (안 있기만 해.) |
| You'd better not stay here. | 여기 있지 마라. |
| He'd better buy it. | 그는 그거 사야 해. (안 사기만 해.) |
| He'd better not buy it. | 그는 그거 사지 말아야 해. |

### REAL Conversation

He broke your cup.
그가 네 컵을 깼어.

He'd better apologize.
그는 사과해야 할 텐데.

# would like to

## want to보다 공손하게 말하고 싶을 때

'~하고 싶다'의 필수 표현은 want to예요. 하지만 정중한 표현이 필요할 때는 다른 말을 써요. 바로 would like to. want to를 친구 사이에 사용한다면, would like to는 초면인 사람이나 손님, 윗사람 등에게 씁니다.

like to와 비슷해 보이지만 사실은 전혀 다른 의미예요. like to는 '평상시에 어떤 걸 좋아한다'라는 의미로 쓰이죠. would like to는 '지금 어떤 것을 하고 싶다'라는 의미로 상황에 따라 이 둘을 구분해서 사용해야 합니다.

### would like to의 느낌

would
like to
정중한 표현
~하고 싶어요.
I'd like to check in.
체크인하고 싶어요.

## 느낌. 정중한 표현 **I'd like to check in.** 체크인하고 싶어요. (격식 있게)

would like to는 보통 호텔이나 식당에서 많이 써요. 그런 곳에 걸맞은 좀 더 격식 있는 표현이거든요. 말하기를 연습할 때도 그 느낌을 살려보세요. 그리고 would like to의 부정문은 wouldn't like to가 아닌 don't feel like ~ing라는 것도 알아두세요.

| | |
|---|---|
| I'd like to try. | 해보고 싶어요. |
| I don't feel like trying. | 해보고 싶지 않아요. |
| Would you like to try? | 시도해보고 싶으세요? |
| I'd like to get a refund. | 환불받고 싶어요. |
| I don't feel like getting a refund. | 환불받고 싶지 않아요. |
| Would you like to get a refund? | 환불받고 싶으세요? |

## REAL Conversation

I'd like to book a room.
방을 예약하고 싶어요.

Sure. What type of room do you want?
네. 어떤 종류의 방을 원하세요?

# gotta
## '미드'에서 가장 많이 쓰는 표현

have to와 같은 의미를 가진 gotta(have got to)는 원어민들이 일상 대화에서 정말 많이 사용하는 말이에요. 영화나 미드, 팝송 등에도 정말 자주 나오는 친근한 표현이에요. gotta는 굉장히 자신감 있게 말하는 게 중요해요. 그래야 훨씬 원어민스럽게, 자연스럽게 느껴지거든요. 많이 읽어보세요. 단, 격식을 차려야 하는 곳에서는 사용하면 안 됩니다.

### gotta의 느낌

gotta
의무
~해야 해.
I gotta go now.
난 지금 가야 해.

## 느낌. 의무 **I gotta go now.** 난 지금 가야 해. (일상에서)

gotta는 have got to가 변한 말이에요. 그런데 회화에서는 축약형이 많이 쓰이잖아요. have got to 역시 줄고 줄다 보니 gotta로까지 변한 거예요. 뉴스, 보고서 등에는 쓰면 안 돼요. 면접에서도 마찬가지고요. 회화에서 쓰는 구어체임을 잊지 마세요.

| | |
|---|---|
| I gotta work now. | 난 지금 일해야 해. |
| I gotta stay here. | 난 여기에 머물러야 돼. |
| I gotta finish it. | 난 그걸 끝내야 해. |
| I gotta tell you something. | 너에게 무언가를 말해야 해. |
| You gotta quit smoking. | 너는 담배를 끊어야 해. |
| You gotta stop him. | 그를 그만두게 해야 돼. |
| He gotta work hard. | 그는 열심히 일해야 돼. |
| He gotta forgive me. | 그는 나를 용서해줘야 돼. |

### REAL Conversation

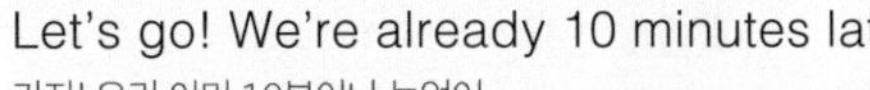

Let's go! We're already 10 minutes late.
가자! 우리 이미 10분이나 늦었어.

Just a sec! I gotta lock the door.
잠깐만! 나 문 잠가야 해.

# have to
## gotta보다 격식 있게 말하고 싶을 때

gotta의 좀 더 격식 있는 표현이 have to입니다. gotta와 뜻이 같기 때문에 교차해서 연습하면 좋아요. 의미가 같으니 간단하게 훑어보면 돼요.

### have to의 느낌

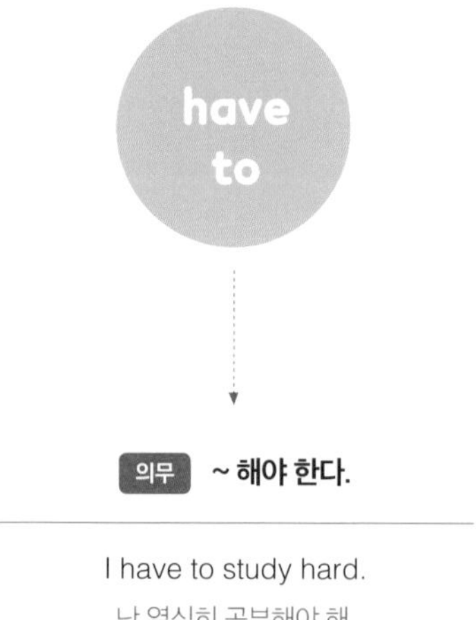


의무 **~해야 한다.**

I have to study hard.
난 열심히 공부해야 해.

## 느낌. 의무 **I have to study hard.** 난 열심히 공부해야 해. (꼭 해야 한다)



have to의 긍정문과 의문문은 반드시 어떤 것을 해야 한다는 강한 의무감을 나타냅니다. 그러나 부정문은 그럴 필요가 없다는 뜻을 나타내요. 이런 의미 변화에 유의하세요.

| | |
|---|---|
| I have to study hard. | 난 열심히 공부해야만 해. |
| I don't have to study hard. | 난 열심히 공부할 필요 없어. |
| Do I have to study hard? | 내가 열심히 공부해야만 하니? |
| I have to succeed. | 난 성공해야만 해. |
| I don't have to succeed. | 난 성공할 필요 없어. |
| Do I have to succeed? | 내가 성공해야만 하니? |
| You have to clean your room. | 너는 네 방을 청소해야만 해. |
| You don't have to clean your room. | 너는 네 방을 청소할 필요 없어. |
| Do you have to clean your room? | 너는 네 방을 청소해야만 하니? |

## REAL Conversation

Are you free tonight?
오늘 밤에 시간 있어?

I have to go home.
나 집에 가야만 해.

# be supposed to
## 부드러운 강요를 표현할 때

be supposed to는 '의무'를 나타내는 느낌동사예요. 그런데 의무는 다른 느낌동사로도 표현할 수 있잖아요. 어떤 느낌의 차이가 있을까요?

be supposed to의 뜻은 '~해야 해'로 다른 의무 느낌동사와 같지만 속뜻은 달라요. 예정, 규칙, 다짐, 약속 등에 근거한 의무감을 담아 부드럽게 '~하기로 되어 있어', '~하기로 했잖아' 정도의 의미라고 할 수 있습니다.

### be supposed to의 느낌

의무 ~해야 해.

I'm supposed to leave.
난 떠나야 해.

## 느낌. 의무 **I'm supposed to leave.** 난 떠나야 해. (떠나기로 되어 있어.)

위의 문장은 '난 떠나기로 되어 있어' 정도의 의미를 담고 있어요. 미리 계획된 예정이나 약속에 근거한 의무이기 때문에 듣는 사람 입장에서도 일리가 있다고 판단할 것이고 기분 좋게 수긍할 수 있습니다.

| | |
|---|---|
| I'm supposed to leave. | 난 떠나야 해. |
| I'm not supposed to leave. | 난 떠나면 안 돼. |
| Am I supposed to leave? | 내가 떠나야 하니? |
| You're supposed to meet him. | 넌 그를 만나야 해. |
| You're not supposed to meet him. | 넌 그를 만나면 안 돼. |
| Are you supposed to meet him? | 넌 그를 만나야 하니? |
| We're supposed to sit here. | 우리는 여기에 앉아야 해. |
| We're not supposed to sit here. | 우리는 여기에 앉으면 안 돼. |
| Are we supposed to sit here? | 우리가 여기에 앉아야 하니? |

### REAL Conversation

Aren't you supposed to be in school?
너 학교에 있어야 하는 거 아니야?

Mom, today is Saturday.
엄마, 오늘 토요일이에요.

# 이쯤에서 확장편 느낌동사 정리!

앞서 필수 느낌동사를 정리한 것처럼 확장편 느낌동사도 느낌별로 한 번 더 정리해볼게요.

여기서 배운 느낌동사는 다섯 개예요. 다시 한번 강조하지만 필수 느낌동사 일곱 개는 꼭 알아야 하는 것, 나머지 확장편 다섯 개는 좀 더 원어민스럽게 느낌을 표현하기 위해 알아두어야 하는 것이라는 점을 잊지 마세요.

## 1. 의무의 느낌

have to, had better, be supposed to

의무의 느낌을 나타내는 필수 느낌동사로는 must와 should가 있어요. 그것만으로도 말은 할 수 있지만 확장편의 느낌동사를 사용하면 더욱 다양한 느낌을 표현할 수 있습니다.

You had better go.　가라, 안 가면 어떻게 될지도 몰라!

had better는 협박의 느낌이 강해요.

You gotta go. 어머, 너 늦었어. 얼른 가야 해.

gotta는 구어체에서 의무를 나타내요.

You are supposed to go. 너 가야지. (가기로 되어 있잖아.)

be supposed to는 완곡하고 부드러운 표현이에요.

## 2. 원함, 선택의 느낌

would like to

원하는 느낌, 원해서 선택하는 느낌을 담은 느낌동사예요. 한국어로는 모두 '원하다'이지만 그 느낌이 다르니 아래 예문을 통해 느낌 차이를 느껴보세요.

I want to go! 나 가고 싶다고!

want to는 친구끼리 편안하게 말할 때 사용해요.

I would like to go. (직장 상사에게) 저 가고 싶어요.

would like to는 좀 더 공손한 표현이에요.

## • 확장편 느낌동사 연습하기 •

한국어 문장을 영어 문장으로 바꾸어 말해봅니다.
주어진 느낌동사를 활용하여 영어 문장으로 만들어보세요.

### had better

| 한국어 | 영어 |
|---|---|
| 병원에 가라. | You'd better see a doctor. |
| 병원에 가지 마라. | You'd better not see a doctor. |
| 그에게 말해라. | You'd better tell him. |
| 그에게 말하지 마라. | You'd better not tell him. |
| 나에게 전화해라. | You'd better call me. |
| 나한테 전화하지 마라. | You'd better not call me. |
| 그는 관둬야 해. | He'd better quit. |
| 그는 관두지 말아야 해. | He'd better not quit. |
| 우리 지금 자야 해. | We'd better sleep now. |
| 우리 지금 자지 말아야 해. | We'd better not sleep now. |
| 우리 그걸 가져와야 해. | We'd better bring it. |
| 우리 그걸 가져오지 말아야 해. | We'd better not bring it. |

## • 확장편 느낌동사 연습하기 •

한국어 문장을 영어 문장으로 바꾸어 말해봅니다.
주어진 느낌동사를 활용하여 영어 문장으로 만들어보세요.

### would like to

| 한국어 | 영어 |
| --- | --- |
| 시도해보고 싶어요. | I'd like to try. |
| 시도해보고 싶지 않아요. | I don't feel like trying. |
| 시도해보고 싶으세요? | Would you like to try? |
| 바꾸고 싶어요. | I'd like to change it. |
| 그것을 바꾸고 싶지 않아요. | I don't feel like changing it. |
| 그것을 바꾸고 싶으세요? | Would you like to change it? |
| 콜라를 마시고 싶어요. | I'd like to have a coke. |
| 콜라를 마시고 싶지 않아요. | I don't feel like having a coke. |
| 콜라를 마시고 싶으세요? | Would you like to have a coke? |
| 당신과 대화하고 싶어요. | I'd like to talk to you. |
| 당신과 대화하고 싶지 않아요. | I don't feel like talking to you. |
| 저와 대화하고 싶으세요? | Would you like to talk to me? |

## • 확장편 느낌동사 연습하기 •

한국어 문장을 영어 문장으로 바꾸어 말해봅니다.
주어진 느낌동사를 활용하여 영어 문장으로 만들어보세요.

### gotta (have to)

| 한국어 | 영어 |
|---|---|
| 너 가야 해. | You gotta go.(You have to go.) |
| 나 가야 해? | Do I have to go? |
| 그는 가야 해. | He gotta go.(He has to go.) |
| 그는 갈 필요 없어. | He doesn't have to go. |
| 너 그거 끝내야 해? | Do you have to finish it? |
| 나 그거 끝낼 필요 없어. | I don't have to finish it. |
| 나 문 잠가야 해. | I gotta lock the door.<br>(I have to lock the door.) |
| 나 문 잠글 필요 없어. | I don't have to lock the door. |
| 우리 지금 떠나야 해? | Do we have to leave now? |
| 우리 지금 떠나야 해. | We gotta leave now.<br>(We have to leave now.) |
| 너 안경 써야 해? | Do you have to wear glasses? |
| 나 안경 써야 해. | I gotta wear glasses.<br>(I have to wear glasses.) |

## • 확장편 느낌동사 연습하기 •

한국어 문장을 영어 문장으로 바꾸어 말해봅니다.
주어진 느낌동사를 활용하여 영어 문장으로 만들어보세요.

### be supposed to

| 한국어 | 영어 |
|---|---|
| 난 일해야 해. | I'm supposed to work. |
| 난 일하면 안 돼. | I'm not supposed to work. |
| 내가 일해야 하니? | Am I supposed to work? |
| 넌 계산해야 해. | You're supposed to pay. |
| 넌 계산하면 안 돼. | You're not supposed to pay. |
| 넌 계산해야 하니? | Are you supposed to pay? |
| 우리는 여기 앉아야 해. | We're supposed to sit here. |
| 우리는 여기에 앉으면 안 돼. | We're not supposed to sit here. |
| 우리가 여기에 앉아야 하니? | Are we supposed to sit here? |
| 그는 그것을 입어야 해. | He's supposed to wear it. |
| 그는 그것을 입으면 안 돼. | He's not supposed to wear it. |
| 그가 그것을 입어야 하니? | Is he supposed to wear it? |

# 다양하게 표현하기, 느낌동사 업그레이드

could have p.p. 진한 아쉬움을 표현할 때

would have p.p. 몰랐던 사실에 대한 아쉬움을 표현할 때

should have p.p. 강한 후회를 표현할 때

must have p.p. 과거에 벌어진 일에 대해 추측할 때

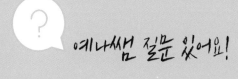

**Q. 느낌동사 업그레이드도 필요할까요?**
**p.p.만 나오면 머리가 아파요.**

**A.** '~할 수도 있었는데', '~했었을 텐데', '~했어야 했는데', '~했던 게 틀림없어' 등 **'느낌동사 + have p.p.'에 익숙해지면 표현할 수 있는 말이 무궁무진해진답니다.**
p.p.라고 하니 어렵게 느끼시는데 전혀 걱정할 필요 없어요.
문법으로 접근하면 과거분사(p.p.)가 나오면서 복잡해지지만
회화로 접근하면 몇 가지 어법만 알면 되거든요.
두려움은 금물, 지금부터 천천히 같이 시작해봐요!

# could have p.p.
## 진한 아쉬움을 표현할 때

어려워 보이지만 회화에 써보면 의외로 쉬운 표현이 바로 could have p.p.입니다. 이 패턴은 '~할 수도 있었는데'라는 진한 아쉬움을 나타낼 때 사용해요.

여기서 have p.p.는 과거의 행동을, could는 능력이나 가능성의 느낌을 담고 있는데요, '살 수도 있었는데', '할 수도 있었는데', '거절할 수도 있었는데' 등 동사에 따라 다양하게 활용할 수 있어요. 핵심은 과거에 할 수도 있었는데, '결과적으로 그러지 못해 아쉽다'라는 느낌입니다.

### could have p.p.의 느낌

could have p.p.

하지 못한 것에 대한 아쉬움 **~할 수도 있었는데(능력).**

I could have cooked.

내가 요리할 수도 있었는데.

## 느낌. 하지 못한 것에 대한 아쉬움

**I could have cooked.**

내가 요리할 수도 있었는데. (못해서 아쉽다.)

could have p.p.의 주어가 '나'일 때는 하지 못한 행동에 대한 아쉬움이지만, 주어가 '당신(you)'일 때는 약간의 서운함을 표현하는 말이 되기도 해요. '전화할 수 있었잖아', '거절할 수도 있었잖아'처럼요. 그럼 could have p. p.의 부정은 어떤 의미일까요? '하지 못할 수도 있었는데(하게 돼서 다행이야)'라는 뜻입니다. 부정을 뜻하는 not은 could 뒤에 붙여서 couldn't로 써주면 됩니다.

| | |
|---|---|
| I could have done it. | 난 그것을 할 수도 있었어. |
| I couldn't have done it. | 난 그것을 하지 못할 수도 있었어. |
| She could have refused. | 그녀는 거절할 수도 있었어. |
| She couldn't have refused. | 그녀는 거절하지 못할 수도 있었어. |

### REAL Conversation

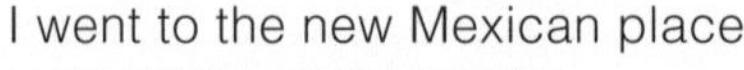

I went to the new Mexican place.
나 새로 생긴 멕시코 음식점에 다녀왔어.

You could have called me.
나한테 전화할 수도 있었잖아.

# 몰랐던 사실에 대한 아쉬움을 표현할 때

would have p.p.도 could have p.p.처럼 아쉬움을 나타내는 표현입니다. 그럼 둘의 차이는 뭘까요? could have p.p.는 can(능력)을 전제로 하는 표현인 반면 would have p.p.는 will(의지)을 전제로 합니다.

좀 더 쉽게 설명하면 would have p.p.는 몰랐던 사실에 대한 아쉬움을 표현해요. 이를테면 could have p.p.가 할 수 있었는데 하지 못한 일에 대한 아쉬움을 표현한다면, would have p.p.는 어떤 사실을 미처 몰라서 하지 못한 것에 대한 안타까움을 표현합니다.

## would have p.p.의 느낌

would have p.p.

몰랐던 사실에 대한 아쉬움 **~ 했었을 텐데(의지).**

I would have done it.

내가 했었을 거야.

## 느낌. 몰랐던 사실에 대한 아쉬움 I would have <u>done</u> it.

내가 했었을 거야. (그 사실을 알았다면)

would have p.p.의 부정문은 긍정문을 충분히 연습한 후에 공부하는 것이 좋아요. 그래야 would have p.p.의 정확한 뉘앙스를 익힐 수 있거든요.

would have p.p.의 부정문도 would 뒤에 not을 붙여 wouldn't라고 쓰면 됩니다. 뜻은 '~하지 않았을 텐데'입니다. '어떤 사실을 알았다면 그렇게 하지 않았을 것'이라는 아쉬움을 표현하는 말입니다.

| | |
|---|---|
| I would have <u>prepared</u> it. | 내가 그것을 준비했었을 텐데. |
| I wouldn't have <u>prepared</u> it. | 내가 그것을 준비하지 않았었을 텐데. |
| I would have <u>changed</u> it. | 내가 그것을 바꿨었을 텐데. |
| I wouldn't have <u>changed</u> it. | 내가 그것을 바꾸지 않았었을 텐데. |

### REAL Conversation

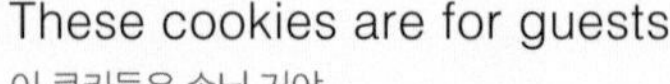

These cookies are for guests.
이 쿠키들은 손님 거야.

I'm so sorry. If I know that, I wouldn't have <u>eaten</u> it.
미안해. 그걸 알았더라면 먹지 않았을 거야.

# should have p.p.
## 강한 후회를 표현할 때

should have p.p.는 '의무'의 뉘앙스가 강한 표현입니다. '(과거에) ~했어야 했는데'라는 느낌이에요. could have p.p.나 would have p.p. 모두 아쉬움을 나타내지만, should have p.p.는 좀 더 강하게 아쉬움을 표현하는 말이라고 보면 돼요. 의무를 저버렸거나 너무 아쉬움이 클 때 사용해보세요.

### should have p.p.의 느낌

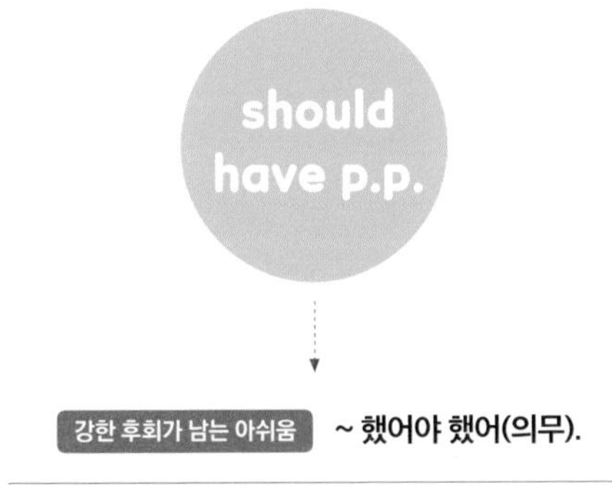
should have p.p.
강한 후회가 남는 아쉬움
~ 했어야 했어(의무).
I should have studied.
나는 공부를 했었어야 했어.

**느낌. 강한 후회가 남는 아쉬움**

**I should have studied.**
나는 공부를 했었어야 했어.

should have p.p.의 부정문은 '~하지 말았어야 했는데'라는 뜻이에요. 이미 한 일에 대해 후회나 아쉬움을 표현하는 말은 실생활에서 정말 많이 쓰죠? should가 의무의 뜻을 지닌 느낌동사라는 사실만 기억하면 그 뉘앙스를 떠올리기도 훨씬 쉬울 거예요.

| | |
|---|---|
| I should have read it. | 난 읽었어야 했어. |
| I shouldn't have read it. | 난 그걸 읽지 말았어야 했어. |
| She should have told him. | 그녀는 그에게 말했어야 했어. |
| She shouldn't have told him. | 그녀는 그에게 말하지 말았어야 했어. |

## REAL Conversation

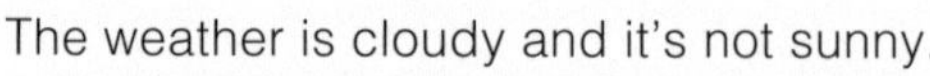

The weather is cloudy and it's not sunny.
날씨도 흐리고 해도 안 나.

We should have stayed home.
우리는 집에 있었어야 했어.

# must have p.p.
## 과거에 벌어진 일에 대해 추측할 때

지금까지 배운 '느낌동사 + have p.p.'는 모두 아쉬움을 표현하는 말이었죠. 그런데 must have p.p.에는 아쉬움이 없습니다. 대신 '추측'의 뉘앙스가 들어 있어요. 과거에 벌어진 일의 원인이나 상황을 추측할 때 사용하는 말입니다. 보통 must는 강한 의무를 표현하는 느낌동사이지만 have p.p.와 만나면 무조건 '추측'으로 해석된다는 사실, 잊지 마세요!

### must have p.p.의 느낌

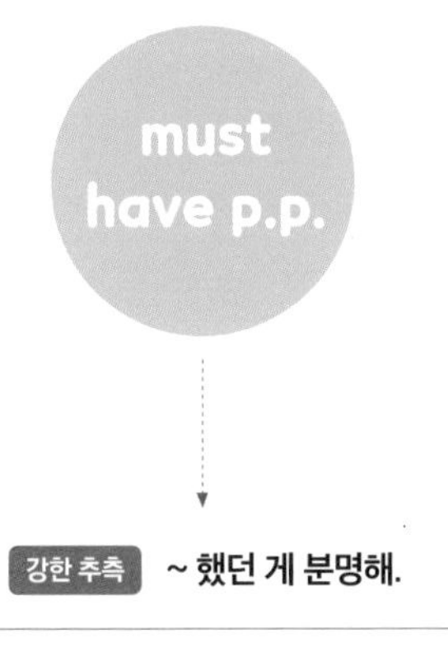


강한 추측 ~했던 게 분명해.

It must have been love.
그건 사랑이었던 게 분명해.

느낌. 강한 추측

## It must have been love.

그건 사랑이었던 게 분명해. (강한 추측)

be동사의 p.p.형인 been을 활용하면 추측을 더욱 강조할 수 있어요. '나는 그를 사랑했었어' 대신 '그건 사랑이었던 게 틀림없어'라고 말하는 거죠.

must have p.p.의 부정문인 '~했을 리가 없어'는 cannot have p.p.로 씁니다. must의 부정이 cannot이라는 사실을 이미 배웠으니 낯설다면 다시 must로(108쪽) 돌아가 공부하세요!

| | |
|---|---|
| I must have loved him. | 내가 그를 사랑했던 게 분명해. |
| I cannot have loved him. | 내가 그를 사랑했었을 리가 없어. |
| You must have missed it. | 넌 그것을 놓쳤던 게 분명해. |
| You cannot have missed it. | 넌 그것을 놓쳤었을 리가 없어. |

### REAL Conversation

How did they know?
그들이 어떻게 알았지?

They must have watched us.
그들이 우리를 본 게 분명해.

## • 느낌동사 + have p.p. 연습하기 •

한국어 문장을 영어 문장으로 바꾸어 말해봅니다.
앞에서 배운 네 가지 느낌을 기억하며 영어 문장으로 만들어보세요.

| 한국어 | 영어 |
|---|---|
| 네가 거절할 수도 있었어. | You could have refused. |
| 네가 거절했었을 텐데. | You would have refused. |
| 네가 거절했어야 했어. | You should have refused. |
| 네가 거절했었던 게 분명해. | You must have refused. |
| 내가 그걸 가져올 수도 있었어. | I could have brought it. |
| 내가 그걸 가져왔었을 텐데. | I would have brought it. |
| 내가 그걸 가져왔어야 했어. | I should have brought it. |
| 내가 그걸 가져왔었던 게 분명해. | I must have brought it. |
| 그가 그녀를 용서했던 게 분명해. | He must have forgiven her. |
| 그가 그녀를 용서했어야 했어. | He should have forgiven her. |
| 그는 그녀를 용서할 수도 있었어. | He could have forgiven her. |
| 그는 그녀를 용서했었을 텐데. | He would have forgiven her. |

# 03

# 원어민처럼 자연스럽게 말하기 : 동사편

# 표현을 확장해주는 세 가지 동사

지금까지 우리는 영어의 어순 훈련, 그리고 영어를 좀 더 느낌 있게 말할 수 있도록 도와주는 느낌동사까지 배워봤어요. 3부에서는 앞의 두 가지 내용을 확장해서 좀 더 다양한 표현을 가능하게 도와줄 동사에 관해 배워볼 거예요.

처음에 동사는 몇 가지가 있다고 배웠죠? 네, 맞아요. be동사와 일반동사, 두 가지예요! 그런데 일반동사에는 기본동사, 지각동사, 사역동사 등이 더 있어요.

| 주어 | + | 느낌동사 | be동사(am, are, is)<br>―――――<br>일반동사<br>- 기본동사<br>- 지각동사<br>- 사역동사 | + | 하고 싶은 말 |
|---|---|---|---|---|---|

갑자기 동사 이름이 나오니 머리가 복잡해지시죠? 이름은 어렵지만 막상 만나보면 전혀 어렵지 않아요. 예문으로 설명해볼게요.

I **eat**.

I **get**.

첫 번째 문장은 '나는 먹는다'라는 뜻입니다. 그럼 'I get.'은 무슨 뜻일까요? 원어민들은 이 문장만 보면 어떤 뜻인지 몰라요. 뒤에 어떤 말이 오느냐에 따라 '나는 산다', '나는 받는다', '나는 된다', '나는 도착한다', '나는 가져온다' 등 다양한 뜻을 가지게 되니까요. '이러니 영어가 어렵지'라는 생각이 드시겠지만, 사실 한국말도 그래요.

배를 타다. (승차하다)

배가 타다. (화재가 나다)

살이 타다. (햇볕에 그을리다)

산을 타다. (등산하다)

한국말 '타다'도 하나지만 앞에 어떤 말이 오느냐에 따라 뜻이 엄청나게 다양해지죠? get 같은 영어의 기본동사도 마찬가지예요. 기본동사를 잘 활용하면 표현의 영역이 넓어집니다.

동사 하나만 보면 너무 간단하지만, 그 쓰임을 알면 변화무쌍한 기본동사, 알고 나면 유용한 지각동사와 사역동사까지 그 느낌을 파악하면서 연습해봅시다.

# 동사만 잘 써도
# 단어 암기가
# 필요 없다

get  한 가지로 수십 가지 표현이 가능한 동사

have ‘가지고 있다’ 외에도 많은 뜻을 가진 동사

take 뜻은 막연하지만 알고 나면 자주 쓰는 동사

보고, 듣고, 냄새 맡고, 느끼는 감각을 표현하는 지각동사

무언가를 하도록 시킬 때 쓰는 사역동사

## 예나쌤 질문 있어요!

**Q.** 어순을 잡고 느낌동사까지 배웠는데도
표현에 한계를 느껴요.
'눈이 와', '나도 데려가' 같이 간단한 문장도
어떻게 말해야 할지 모르겠어요.

**A.** 그동안 열심히 공부해서 반을 넘어온 것 같은데,
하고 싶은 말을 다 하지 못하니 답답하죠?
그래서 이번 3부가 더욱 중요해요.
3부에서 연습해볼 **동사만 제대로 익혀도**
**표현의 범위가 확 넓어진답니다.**
포기하지 말고 끝까지 따라오세요!

# get
# 한 가지로 수십 가지 표현이 가능한 동사

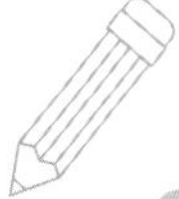

사전을 찾으면 뜻이 50개도 넘는 get! 하지만 그 많은 뜻을 다 익히는 건 어려운 일이죠. 야나두에서는 딱 여섯 가지만 기억하라고 말합니다. 여섯 가지 느낌만 알면 일상회화에서는 어려움이 없어요.

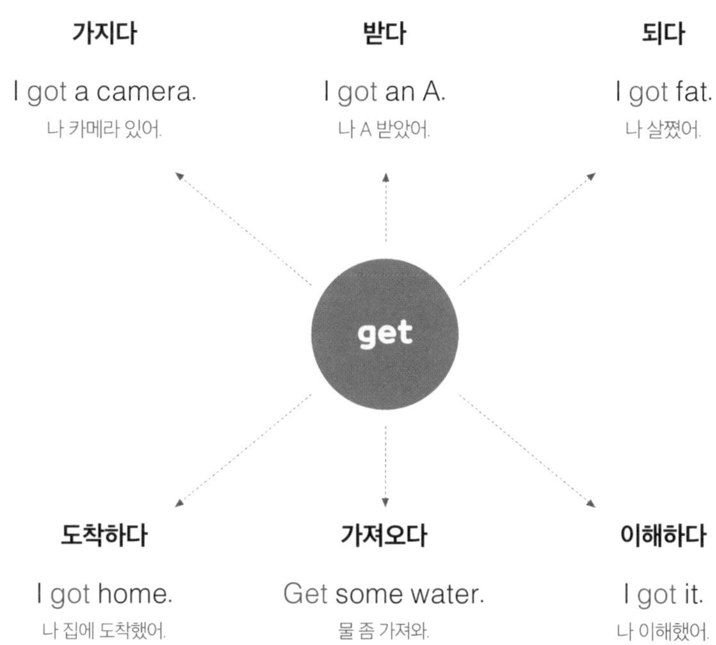
가지다
I got a camera.
나 카메라 있어.
받다
I got an A.
나 A 받았어.
되다
I got fat.
나 살쪘어.
get
도착하다
I got home.
나 집에 도착했어.
가져오다
Get some water.
물 좀 가져와.
이해하다
I got it.
나 이해했어.

## 느낌 1. 가지다 **I got a camera.** 나 카메라 있어.

get의 첫 번째 의미는 '소유'예요. 소유라고 하면 '가지고 있다'의 의미로 생각하실 거예요. 하지만 그 외에도 '사다', '얻다', '갖다' 등의 소유의 의미를 가진 표현에도 get을 사용할 수 있어요. '나 차 샀어', '기회를 얻었어', '나 카메라 가졌어' 등에도 get을 씁니다. 이렇게 같은 소유의 의미라도 표현이 다양하기 때문에 상황 속에서 의미를 파악하며 연습하는 게 중요합니다.

| | |
|---|---|
| I got a boyfriend. | 나 남자친구 있어. |
| I got a credit card. | 나 신용카드 있어. |
| I got an idea. | 나한테 생각이 있어. |
| I got money. | 나 돈 있어. |
| I got water. | 나 물 있어. |
| I got a car. | 나 차 있어. |

### REAL Conversation

Oh, my God. I didn't bring my wallet.
어머나, 나 지갑을 안 가져왔어.

I got a credit card. Pay me in cash later.
나 신용카드 있어. 나중에 현금으로 줘.

## 느낌 2. 받다 **I got an A.** 나 A 받았어.

get에는 '받다'라는 의미가 있어요. 이 '받다'라는 느낌에는 물질적인 것, 예를 들어 선물이나 물건 등을 받는 것은 물론, 경고나 학점 등을 받는다는 의미도 포함되어 있어요. 이 '받다'의 의미로의 get은 실생활에서는 거의 과거형으로 쓰이기 때문에 got으로만 훈련해도 충분합니다.



| | |
|---|---|
| I got a present. | 나 선물 받았어. |
| I got an email. | 나 이메일 받았어. |
| I got a refund. | 나 환불 받았어. |
| I got a warning. | 나 경고 받았어. |
| I got a ticket. | 나 딱지 끊었어. |
| I got a prize. | 나 상 받았어. |
| I got a gold medal. | 나 금메달 받았어. |

### REAL Conversation

Did you hear? 재선 got an A.
들었어? 재선이가 A 받았대.

Really? That test was really difficult.
정말? 그 시험 정말 어려웠는데.

## 느낌 3. 되다 **I got fat.** 나 살쪘어.

get은 become과 비슷하게 '되다'의 의미를 가지고 있어요. 과거에서 현재까지 진행되어 이렇게 되었다라는 완결의 의미가 있어 주로 got으로 많이 쓰입니다.

| | |
|---|---|
| I got bored. | 나 지루했어. |
| I got fired. | 나 해고됐어. |
| I got lost. | 나 길을 잃었어. |
| I got ready. | 나 준비됐어. |
| I got tired. | 나 피곤해. |
| I got sick. | 나 병에 걸렸어. |
| I got better. | 나 나아졌어. |

### REAL Conversation

What happened? You got fat.
무슨 일 있었어? 너 살쪘어.

I drank everyday. I got fired.
나 매일 술 마셨어. 해고됐거든.

## 느낌 4. 도착하다 **I got home.** 나 집에 도착했어.

get에는 '도착하다'라는 느낌이 있어요. '나 집에 도착했어'라고 말하고 싶을 때 보통 I arrived home.을 떠올리죠? 틀린 말은 아니지만 원어민들은 I got home.을 훨씬 많이 써요.

이렇게 get은 의미가 많다 보니 get과 arrive처럼 일대일 대응어들이 존재해요. 하지만 절대 이 단어들을 찾느라 시간 낭비하지 마세요. 회화에는 도움이 되지 않습니다.



| | |
|---|---|
| I got there on time. | 나 거기 정시에 도착했어. |
| I got to the hotel now. | 나 지금 호텔에 도착했어. |
| I got to the store now. | 나 지금 가게에 도착했어. |
| I got to Korea now. | 나 지금 한국에 도착했어. |

### REAL Conversation

Where are you? I just got to the store.
어디야? 나 지금 가게에 도착했어.

I'm sorry. I think I'll be late.
미안해. 나 늦을 것 같아.

## 느낌 5. 가져오다 **Get some water.** 물 좀 가져와.

get의 '가져오다'는 공손한 느낌은 아니에요. 친구처럼 편안한 사람들에게만 사용하니 주의하세요. 사물이 대상일 때는 '가져오다', 사람이 대상일 때는 '데려오다'의 의미로 쓰입니다.

| | |
|---|---|
| Get a chair. | 의자 좀 가져와. |
| Get the car key. | 차 키 가져와. |
| Get the dog. | 개 데려와. |
| Get the car. | 차 가져와. |
| Get me some money. | 돈 좀 가져와. |

### REAL Conversation

Are you OK?
너 괜찮니?

No. I'm not. Get a doctor.
아니. 의사 불러줘.

## 느낌 6. 이해하다 + 기타 **I got it.** 이해했어.

get에는 지금까지 배운 의미들 외에도 '이해하다', '잡다', '열다', '(전화)받다', '짜증나게 하다' 등 수없이 많아요. 그렇다고 이 모든 뜻을 처음부터 하나하나 다 외울 필요는 없습니다.

그보다는 get이 등장하는 문장을 만날 때마다 읽어보고, 그 느낌을 살려 그대로 외워버리는 게 좋아요. 그래야 회화가 늘 수 있습니다. 조바심은 금물! 많은 예문을 만나되, 큰 소리로 읽으며 입에 익히는 것만 잊지 마세요!



| | |
|---|---|
| Get a cab. | 택시 잡아. |
| Go get him! | 걔 잡아와. |
| Get the door. | 문 열어라. |
| Get the phone. | 전화 받아라. |
| It gets me. | 짜증난다. |
| Get someone in charge. | 책임자 불러줘요. |

### REAL Conversation

Do you need more explanation?
설명이 더 필요하니?

I got it.
이해했어.

## • 기본동사 get 연습하기 •

기본동사 get의 다양한 의미를 생각하며 한국어를 영어로 바꿔 말해보세요.

| 한국어 | 영어 |
|---|---|
| 나 책 샀어. | I got a book. |
| 너 책 샀니? | Did you get a book? |
| 나 배고파졌어. | I got hungry. |
| 나 배 안 고파졌어. | I didn't get hungry. |
| 너 취직했어? | Did you get a job? |
| 나 취직 안 했어. | I didn't get a job. |
| 그들은 고기 잡았어? | Did they get a fish? |
| 그들은 고기 안 잡았어. | They didn't get a fish. |
| 나 지금 집에 왔어. | I got home just now. |
| 나 지금 집에 안 왔어. | I didn't get home. |
| 나 B 받았어. | I got a B. |
| 너 B 받았어? | Did you get a B? |

# have

## '가지고 있다' 외에도 많은 뜻을 가진 동사

have 하면 '가지다'만 떠오르신다고요? 원어민들은 have를 다른 의미로 즐겨 사용한답니다. '주어 + 동사'의 어순은 알지만 막상 주어 뒤에 적절한 동사를 찾아 넣는 것이 어려울 때가 있죠? 이럴 때 have는 유용하게 쓰이는 동사에요. have의 여섯 가지 의미만 기억하면 기초 회화를 가로막고 있는 동사의 큰 장애물을 넘을 수 있어요.

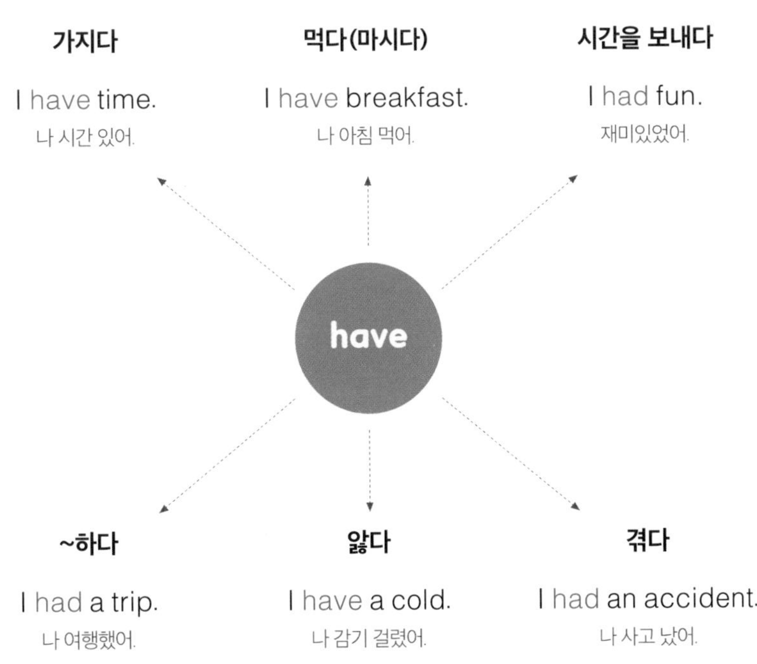

가지다
I have time.
나 시간 있어.
먹다(마시다)
I have breakfast.
나 아침 먹어.
시간을 보내다
I had fun.
재미있었어.
have
~하다
I had a trip.
나 여행했어.
앓다
I have a cold.
나 감기 걸렸어.
겪다
I had an accident.
나 사고 났어.

## 느낌 1. 가지다 **I have time.** 나 시간 있어.

have의 첫 번째 의미는 '가지다'입니다. 그럼 get과 have는 어떻게 다르냐! 사실상 큰 차이는 없어요. have 역시 물건은 물론 시간, 직업, 계획 등을 가지고 있을 때 쓸 수 있습니다.

| | |
|---|---|
| I have a plan. | 나한테 계획이 있어. |
| I have a solution. | 나한테 해결책이 있어. |
| I have money. | 나 돈 있어. |
| I have work to do. | 나 할 일이 있어. |
| I have homework. | 나 숙제가 있어. |
| We have time. | 우리에겐 시간이 있어. |

### REAL Conversation

혜나, let's hang out.
혜나야, 놀러 가자!

I'm sorry. I have things to do.
미안. 나 할 일이 있어.

## 느낌 2. 먹다(마시다) **I have breakfast.** 나 아침 먹어.

have에는 음식을 먹거나 음료수를 마신다는 의미가 있어요. '먹다'나 '마시다'라는 의미의 eat와 drink를 사용할 수도 있지만 실전에서 이런 동사들이 생각나지 않는다면 have를 이용해보세요.

그런데 주의할 점이 있어요. 예를 들어 I have water.라는 문장은 '물을 마시다'라는 의미일 수도 있고 '물을 가지고 있다'라는 의미일 수도 있어요. 이럴 때는 앞뒤 상황과 문맥에 따라 해석해야 한다는 것을 기억하세요.



| | |
|---|---|
| I have dinner. | 나 저녁 먹어. |
| I had a hamburger. | 나 햄버거 먹었어. |
| I had a midnight snack. | 나 야식 먹었어. |
| Let's have some drinks. | 술 마시자. |

### REAL Conversation

Aren't you hungry?
너 배 안 고파?

No, I'm not. I had dinner.
아니. 나 저녁 먹었어.

### 느낌 3. 시간을 보내다 **I had fun.** 재미있었어.

have의 세 번째 느낌은 '시간을 보내다'예요. 예문에 소개한 have fun은 하나로 입에 붙게 연습해주세요. 그리고 그냥 'Have fun'처럼 인사말 대신 쓰거나 'Let's have fun'처럼 친구들 사이에서 편하게 활용해보세요.

| | |
|---|---|
| I had a bad time. | 안 좋았어. |
| I had a great time. | 너무 좋은 시간 보냈어. |
| I had a hard time. | 힘든 시간을 보냈어. |
| I'm having fun now. | 재미있어. |

**REAL Conversation**

How was your trip?
여행 어땠어?

I had a great time.
너무 좋은 시간 보냈어.

### 느낌 4. ~하다 **I had a trip.** 나 여행했어.

have의 네 번째 느낌은 '~하다'예요. have 뒤에 'a + 명사'를 붙여서 어떤 행동을 한다는 의미를 표현하는 것이죠. have a dance(춤추다), have a drink(마시다), have a look(보다), have a try(시도하다) 등이 그런 경우예요. 여러분이 아는 명사에 have를 붙여서 연습해보세요.



| | |
|---|---|
| I had a fight. | 나 싸웠어. |
| I have a dream. | 난 꿈이 있어. |
| I had a haircut. | 나 머리 잘랐어. |
| I had a break. | 나 쉬었어. |
| Let's have a talk. | 얘기 좀 하자. |
| Let's have a walk. | 산책하자. |

## REAL Conversation

Why is he leaving?
그는 왜 떠나는 거야?

I had a fight with him.
걔랑 싸웠어.

## 느낌 5. 앓다 **I have a cold.** 나 감기 걸렸어.

감기에 걸리거나 다리가 부러지는 등 병에 걸리거나 다친 경우에도 have를 쓸 수 있어요. 영어는 상황별로 서로 다른 동사를 기억할 필요 없이 have 하나로 웬만한 말은 할 수 있다는 점에서 한국어보다 훨씬 간단하게 느껴지지 않나요?

| | |
|---|---|
| I have the flu. | 나 독감 걸렸어. |
| I have a headache. | 나 두통 있어. |
| I have a disease. | 나 병 있어. |
| I have a broken leg. | 나 다리 부러졌어. |
| I have a pain. | 나 아파. |
| I have a toothache. | 나 치통 있어. |
| I have a broken arm. | 나 팔 부러졌어. |

### REAL Conversation

I can't go to school. I have a cold.
나 학교 못 가. 감기 걸렸거든.

Really? Take care.
그래? 푹 쉬어.

## 느낌 6. 겪다 + 기타 **I had an accident.** 나 사고 났어.

앞서 설명한 다섯 가지 느낌 외에도 have에는 다양한 느낌이 있어요. '겪다', '출산하다', '(눈, 비) 내리다' 등이 있죠. 다양한 의미를 한꺼번에 외우려 하지 말고 가슴에 와 닿는 표현부터 확실하게 차근차근 알아가세요.

| | |
|---|---|
| We had a typhoon. | 태풍이 왔었어. |
| We have rain. | 비 와. |
| We have snow in winter. | 겨울에 눈 와. |
| I had a son. | 나 아들 낳았어. |
| I'm having a baby. | 나 임신 중이야. |
| We're going to have a baby. | 우리 출산 예정이야. |

### REAL Conversation

I'm having a baby.
나 임신 중이야.

Congratulations!
축하해!

## • 기본동사 have 연습하기 •

기본동사 have의 다양한 의미를 생각하며 한국어를 영어로 바꿔 말해보세요.

| 한국어 | 영어 |
|---|---|
| 나 아침 먹었어. | I had breakfast. |
| 너 아침 먹었니? | Did you have breakfast? |
| 나 아침 안 먹었어. | I didn't have breakfast. |
| 나 좋은 시간 보냈어. | I had a good time. |
| 너 좋은 시간 보냈니? | Did you have a good time? |
| 나 좋은 시간 안 보냈어. | I didn't have a good time. |
| 나 감기 걸렸어. | I have a cold. |
| 너 감기 걸렸어? | Do you have a cold? |
| 나 감기 안 걸렸어. | I don't have a cold. |
| 그녀는 여행 갔어? | Did she have a trip? |
| 그녀는 여행 갔어. | She had a trip. |
| 너 숙제 있니? | Do you have homework? |
| 나 숙제 있어. | I have homework. |

# take
## 뜻은 막연하지만 알고 나면 자주 쓰는 동사

take는 다른 기본동사에 비해 그 의미가 막연하게 느껴질 수도 있어요. 그래서 '(시간이) 걸리다', '필요하다', '데려가다', '복용하다'의 딱 네가지 의미에만 집중해서 살펴보려고 합니다. 실생활에서 가장 많이, 보편적으로 쓰이기 때문입니다.

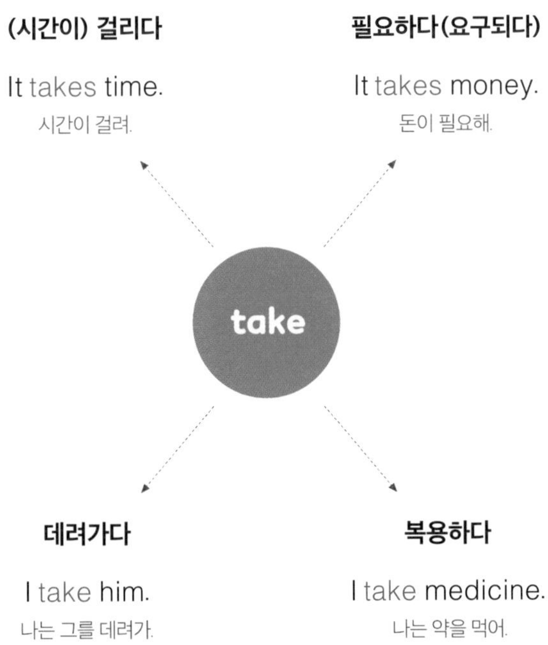
(시간이) 걸리다
It takes time.
시간이 걸려.
필요하다(요구되다)
It takes money.
돈이 필요해.
take
데려가다
I take him.
나는 그를 데려가.
복용하다
I take medicine.
나는 약을 먹어.

## 느낌 1. (시간이) 걸리다 **It takes time.** 시간이 걸려.

take의 첫 번째 느낌은 '시간이 걸리다'입니다. 원어민이 정말 많이 쓰는 말이라, 첫 번째 느낌은 take 동사의 꽃이라고도 할 수 있어요.

그런데 위 예문을 우리말로 옮길 때 많은 사람들이 어려움을 느껴요. 한국어에는 It을 나타내는 말이 없기 때문이죠. 그래서 영어 표현을 통째로 연습해야 실제 상황에서 술술 말할 수 있습니다.

| | |
|---|---|
| It takes 10 minutes. | 10분 걸려. |
| It takes a day. | 하루 걸려. |
| It takes forever. | 진짜 오래 걸리네. |
| It took 2 days. | 이틀 걸렸어. |
| It will take an hour. | 한 시간 걸릴 거야. |
| It will take a while. | 좀 걸릴 거예요. |

### REAL Conversation

Did you make this?
이거 네가 만든 거야?

Yes, it took 2 days.
응, 이틀 걸렸어.

## 느낌 2. 필요하다 **It takes money.** 돈이 필요해.

무언가가 필요한 느낌을 표현하고 싶을 때도 take를 씁니다. 그런데 '필요하다'는 의미를 지닌 대표적인 영어 단어가 있었죠? 네, 바로 need예요. 하지만 need는 주어가 사람일 때만 사용할 수 있어요. I need a cup of coffee.처럼 말이에요. 반면 take는 주어가 사람이 아닐 경우에 사용하는 동사입니다.

| | |
|---|---|
| It takes 2 people. | 두 사람이 필요해. |
| It takes patience. | 인내가 필요해. |
| It takes talent. | 재능이 필요해. |
| It takes responsibility. | 책임이 필요해. |
| It takes hard work. | 고된 노력이 필요해. |

### REAL Conversation

Can I do business?
나 사업할 수 있을까?

It takes responsibility.
책임이 필요해.

## 느낌 3. 데려가다 **I take him.** 나는 그를 데려가.

take에는 '데려가다'라는 의미가 있어요. 이 의미와 관련해서는 bring이라는 동사도 함께 알아두는 것이 좋아요. take가 '데려가다', '가져가다'라는 의미로 쓰인다면 bring은 '데려오다', '가져오다'라는 뜻으로 쓰이거든요. 사람이나 사물이 어디로 향하느냐 하는 방향의 차이로 두 동사를 구분하면 돼요.

| | |
|---|---|
| Take someone else. | 딴 사람 데려가. |
| Take us, please. | 우리도 데려가줘. |
| My dad took me. | 아빠가 나를 데려갔어. |
| I'm taking my husband. | 신랑 데려가려고. |
| Take this chair. | 이 의자 가져가. |
| Take this jacket. | 이 재킷 가져가. |
| I took it. | 내가 가져갔어. |
| They took everything. | 그들이 다 가져갔어. |

### REAL Conversation

Did you go to the park alone?
공원에 혼자 갔어?

I took my dog.
강아지 데려갔어.

## 느낌 4. 복용하다 + 기타 I take medicine. 나는 약을 먹어.

'음식을 먹는다'고 할 때도 take를 쓰지만 그보다 '약을 복용하다'라는 말을 하고 싶을 때 take를 흔히 사용합니다. 아주 유용한 표현이니 통째로 외워두면 좋아요.

그 외에도 '수강하다', '시험 보다', '(샤워, 목욕)하다', '(교통 수단) 타다', '(체온) 측정하다', '(사진) 찍다', '(조언) 받아들이다', '(책임) 지다' 등의 의미를 가지고 있습니다.



| | |
|---|---|
| I took a pill. | 나 약(알약) 먹었어. |
| I took a test. | 나 시험 봤어. |
| I took a shower. | 나 샤워했어. |
| I took the bus. | 나 버스 탔어. |
| She took my temperature. | 그녀가 체온을 쟀어. |
| She took my picture. | 그녀가 내 사진을 찍었어. |
| Take my advice. | 내 조언을 받아들여. |

### REAL Conversation

Did you take a pill?
약 먹었니?

I'll take right now.
바로 먹을게.

## • 기본동사 take 연습하기 •

기본동사 take의 다양한 의미를 생각하며 한국어를 영어로 바꿔 말해보세요.

| 한국어 | 영어 |
|---|---|
| 나 이 의자 가져가고 싶어. | I want to take this chair. |
| 너 이 의자 가져가고 싶어? | Do you want to take this chair? |
| 나 강아지 데려갔어. | I took my dog. |
| 나 강아지 데려가지 않았어. | I didn't take my dog. |
| 너 설탕 넣어 먹어? | Do you take sugar? |
| 나 설탕 안 넣어 먹어. | I don't take sugar. |
| 그거 10일 걸려. | It takes 10 days. |
| 그게 10일 걸려? | Does it take 10 days? |
| 너 버스 탔어? | Did you take a bus? |
| 나 버스 안 탔어. | I didn't take a bus. |
| 그거 돈 들어? | Does it take money? |
| 그거 돈 안 들어. | It doesn't take money. |

# 보고, 듣고, 냄새 맡고, 느끼는 감각을 표현하는 지각동사

I ate chicken.

I saw you.

'나는 치킨을 먹었어'와 '나는 너를 봤어'라는 뜻의 이 두 문장은 모두 '주어 + 동사 + 대상'으로 구조가 똑같습니다. 그렇지만 이 두 문장을 확장해보면 어떤 일이 벌어질까요?

I ate chicken last night.

I saw you running.

확장된 부분을 한번 살펴볼까요?

I ate chicken last night. (치킨을 먹은 '나'와 관련된 말)

I saw you running. (내가 본 '너'와 관련된 말)

첫 번째 문장은 치킨을 한강에서 먹었든, 어제 먹었든 주어인 '나'와 관련된 내용이에요. '내'가 어제 치킨을 먹은 거죠. 그렇지만 두 번째 문장의 확장된 부분은 내가 본 '너'에 대한 내용이죠. '너'가 달리고 있는 겁니다.

두 문장에서 이런 차이가 생기는 것은 바로 지각동사 때문이에요. see, hear, feel처럼 우리 몸의 감각기관으로 느끼는 것들을 표현하는 지각동사는 대상 뒤에 그 대상과 연결되는 정보가 나온다는 특징이 있습니다.

see (보다)
I saw you teach.
네가 가르치는 걸 봤어.
hear (듣다)
I heard you sing.
네가 노래하는 걸 들었어.
feel (느끼다)
I felt it move.
그게 움직이는 걸 느꼈어.
지각 동사
smell (냄새 맡다)
I smell someone cooking.
누군가 요리하고 있는 냄새가 난다.
listen to (듣다)
I listened to the bird sing.
새가 노래하는 걸 들었어.
watch (지켜보다)
I watched you run.
네가 뛰는 걸 지켜봤어.


위의 문장들을 보면 지각동사는 '주어 + 지각동사 + 대상 + 원형/~ing'의 문장 형태를 가진다는 것을 알 수 있어요. 익숙해지도록 입으로 연습해보세요. 현재 하고 있는 동작을 강조하고 싶을 때는 ~ing를 사용합니다.

## see. 보다 **I saw you teach.** 네가 가르치는 걸 봤어(우연히).

한국어로 '보다'라고 했을 때 떠오르는 동사는 see, watch, look at 등이 있어요. 한국어로는 모두 '보다'이지만 각각 느낌이 달라요. see는 일명 '무의지 동사'라고 하는데요, 우연히 보게 된 것을 의미해요. 고개를 돌렸는데 마침 그가 가고 있어서 우연히 보게 되었다면 see를 써야 해요. 반면 look at은 보려고 노력하는 거예요. 의지를 가지고 봤을 때 사용합니다.

I saw you cook. 네가 요리하는 걸 봤어.

I saw you cooking. 네가 요리하고 있는 걸 봤어.

I saw her drive. 그가 운전하는 걸 봤어.

I saw her driving. 그가 운전하고 있는 걸 봤어.

I saw him cry. 그가 우는 걸 봤어.

I saw him crying. 그가 울고 있는 걸 봤어.

### REAL Conversation

Are you having a party? I saw you cooking.
오늘 파티해? 네가 요리하고 있는 걸 봤어.

Yeah. Today is my husband's birthday.
응. 오늘 남편 생일이야.

## hear. 듣다 **I heard you sing.** 네가 노래하는 걸 들었어.

앞에서 한국어 '보다'가 영어로는 see, watch, look at 등으로 표현된다고 했었죠. '듣다' 역시 영어로는 hear나 listen to 등으로 표현돼요. 그런데 hear는 see와 같은 무의지 동사예요. 그러니까 들을 의지 없이 그냥 듣게 된 것을 의미하죠. 반면 listen to는 의지를 갖고 귀를 기울여 듣는 것을 의미해요.

| | |
|---|---|
| I heard you snore. | 네가 코 고는 걸 들었어. |
| I heard you snoring. | 네가 코를 골고 있는 걸 들었어. |
| I heard him yell. | 그가 소리 지르는 걸 들었어. |
| I heard him yelling. | 그가 소리 지르고 있는 걸 들었어. |
| I heard the phone ring. | 전화가 울리는 걸 들었어. |
| I heard the phone ringing. | 전화가 울리고 있는 걸 들었어. |

### REAL Conversation

Is he angry? I heard him yelling.
그가 화났어? 소리 지르고 있는 걸 들었어.

Yeah. Someone broke the window.
응. 누가 창문을 깼나 봐.

## feel. 느끼다 **I felt it move.** 그게 움직이는 걸 느꼈어.

feel은 인간의 오감 중에서 촉각을 나타내는 동사예요. 다른 지각동사와 마찬가지로 지각동사의 문장 틀에 맞게 단어를 넣어주며 충분히 연습하세요. 표현을 통째로 흡수한다는 생각으로 계속 말해보세요. 이때 실제 상황에 놓인 것처럼 상상하면서 크게 말하는 것도 잊지 마세요.



I felt it melt. 그게 녹아 내리는 걸 느꼈어.
I felt it melting. 그게 녹아 내리고 있는 걸 느꼈어.

I felt it shake. 그게 흔들리는 걸 느꼈어.
I felt it shaking. 그게 흔들리고 있는 걸 느꼈어.

I felt something touch me. 무언가 나를 만지는 걸 느꼈어.
I felt something touching me. 무언가 나를 만지고 있는 걸 느꼈어.

### REAL Conversation

I felt it moving.
움직이고 있는 걸 느꼈어.

Isn't it an earthquake?
지진 아닐까?

smell. 냄새 맡다

## I smell someone cooking.

누군가 요리하고 있는 냄새가 난다.

'냄새 맡다'라는 의미의 지각동사예요. '보다'나 '듣다'와는 달리 '냄새를 맡다'는 이 단어만 알고 있어도 별 어려움 없이 대화를 나눌 수 있을 거예요. smell은 다른 지각동사와 달리 동사원형과 쓰이지 않고 ~ing형태로 쓰이니 주의하세요. 다만 '(위험의) 냄새를 맡다'의 의미로 쓰일 때는 그렇지 않으니 아예 문장을 외워버리는 게 좋습니다.

| | |
|---|---|
| I smell someone cooking. | 누군가 요리하고 있는 냄새가 난다. |
| I smell someone smoking. | 누군가 담배 피우고 있는 냄새가 난다. |
| I smelled someone baking cookies. | 누군가 쿠키 만들고 있는 냄새가 났었다. |
| I smelled something burning. | 무언가 타고 있는 냄새가 났었어. |
| He smelled danger. | 그는 위험의 냄새를 맡았다. |

### REAL Conversation

I smell someone smoking.
누군가 담배 피우고 있는 냄새가 나.

This is the smoking area.
여기 흡연구역이야.

**listen to. (귀 기울여) 듣다**

## I listened to the bird sing.

새가 노래하는 걸 들었어.

listen to에 대해서는 앞서 hear과 함께 살펴보았어요. hear는 의지와 상관없이 우연히 들리는 느낌이라고 했죠? 반면 listen to는 의지를 기울여 들으려고 노력하는 느낌이에요.



| | |
|---|---|
| I listened to her pray. | 그녀가 기도하는 걸 들었어. |
| I listened to her praying. | 그녀가 기도하고 있는 걸 들었어. |
| I listened to them talk. | 그들이 이야기하는 걸 들었어. |
| I listened to them talking. | 그들이 이야기하고 있는 걸 들었어. |
| I listened to my boss speak. | 상사가 말하는 걸 들었어. |
| I listened to my boss speaking. | 상사가 말하고 있는 걸 들었어. |
| I listened to my mom yell. | 엄마가 소리 치는 걸 들었어. |
| I listened to my mom yelling. | 엄마가 소리 치고 있는 걸 들었어. |

### REAL Conversation

I listened to your kid sing.
네 아이가 노래하는 걸 들었어.

She likes to sing.
걔가 노래하는 걸 좋아해.

watch. (장시간) 지켜보다

## I watched you run.

네가 뛰는 걸 지켜봤어.

watch는 '움직이는 것을 지켜보다'는 느낌을 가지고 있습니다. 의지를 가지고 보는 의지 동사죠. 특히 움직임을 강조하는 동사와 함께 사용합니다.

| | |
|---|---|
| I watched you fight. | 네가 싸우는 걸 지켜봤어. |
| I watched you fighting. | 네가 싸우고 있는 걸 지켜봤어. |
| I watched people play soccer. | 사람들이 축구 하는 걸 지켜봤어. |
| I watched people playing soccer. | 사람들이 축구 하고 있는 걸 지켜봤어. |
| I watched him sleep. | 그가 자는 걸 지켜봤어. |
| I watched him sleeping. | 그가 자고 있는 걸 지켜봤어. |
| I watched him swim. | 그가 수영하는 걸 지켜봤어. |
| I watched him swimming. | 그가 수영하고 있는 걸 지켜봤어. |

### REAL Conversation

Did you have a nightmare last night?
지난밤에 악몽 꿨어?

Yes. Did you watch me sleep?
응. 나 자는 거 지켜봤어?

## • 지각동사 연습하기 •

의미를 생각하며 지각동사를 활용해 한국어를 영어로 바꿔 말해보세요.

| 한국어 | 영어 |
|---|---|
| 난 네가 요리하는 거 봤어(see).<br>너 내가 요리하는 거 봤어? | I saw you cook.<br>Did you see me cook? |
| 난 네가 피아노 치는 거 들었어(hear).<br>너 내가 피아노 치는 거 들었어? | I heard you play the piano.<br>Did you hear me play the piano? |
| 나 그게 움직이는 걸 못 느꼈어.<br>너 그게 움직이는 거 느꼈어? | I didn't feel it move.<br>Did you feel it move? |
| 무언가 타고 있는 냄새가 나.<br>무언가 타고 있는 냄새가 나? | I smell something burning.<br>Do you smell something burning? |
| 너 민수가 이야기하는 거 들었어(listen to)?<br>난 민수가 이야기하는 걸 안 들었어. | Did you listen to 민수 talk?<br>I didn't listen to 민수 talk. |
| 난 그가 피아노 치는 걸 지켜봤어(watch).<br>난 그가 피아노 치는 걸 지켜보지 않았어. | I watched him play the piano.<br>I didn't watch him play the piano. |

# 무언가를 하도록 시킬 때 쓰는 사역동사

사역동사. 간단히 말하면 '누군가에게 어떤 행위를 하게 만들다'라는 의미의 동사예요. 사역동사에는 make, have, let 등이 있는데 전부 '시켰다'라는 의미로 해석하면 돼요.

어떤 사역동사를 쓰느냐에 따라 때로는 강제성을 띠기도 하고, 때로는 부드러운 권유의 의미를 갖기도 합니다. 바로 실전에 들어가볼까요?

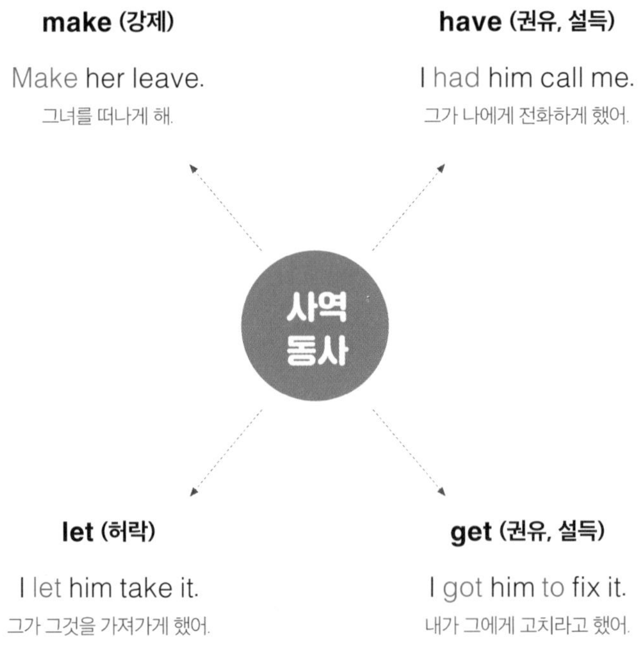

make (강제)
Make her leave.
그녀를 떠나게 해.
have (권유, 설득)
I had him call me.
그가 나에게 전화하게 했어.
사역
동사
let (허락)
I let him take it.
그가 그것을 가져가게 했어.
get (권유, 설득)
I got him to fix it.
내가 그에게 고치라고 했어.

## make. (강제로) 시키다 **Make her leave.** 그녀를 떠나게 해.

make, have, let은 모두 상대에게 어떤 행동을 하도록 시키는 사역동사지만 뉘앙스는 조금씩 달라요. 우선 make는 상대에게 강제로 어떤 일을 시킬 때 주로 사용해요. 당사자는 원치 않지만 강제성이 있는 거죠. 그래서 명령어로도 잘 쓰입니다.



| | |
|---|---|
| You made me study. | 네가 날 공부하게 했어. |
| Make her study. | 그녀를 공부하게 해. |
| You made me enter a college. | 네가 날 대학에 입학하게 했어.. |
| Make her enter a college. | 그녀를 대학에 입학하게 해. |
| She made him quit smoking. | 그녀가 그를 담배 끊게 했어. |
| Make him quit smoking. | 그를 담배 끊게 해. |

### REAL Conversation

He is not healthy.
그가 건강이 안 좋아.

Make him quit smoking.
그를 담배 끊게 해.

have. (권유, 설득) ~하게 하다

## I had him call me.

그가 나에게 전화하게 했어.

have는 강제성 없이 권유나 설득을 할 때 쓰여요. 설득, 권유, 분위기 조성 등을 통해 어떤 행동을 하게 할 때 씁니다.

I had him sign the contract. 그가 계약서에 사인하게 했어.
Have him sign the contract. 그가 계약서에 사인하게 해.

I had him do the laundry. 그가 빨래하게 했어.
Have him do the laundry. 그가 빨래하게 해.

She had her son take a nap. 그녀는 아들을 낮잠 자게 했어.
Have her son take a nap. 그녀의 아들을 낮잠 자게 해.

### REAL Conversation

I saw your son at the playground.
네 아들 놀이터에 있는 거 봤어.

I had my son play outside.
밖에서 놀게 했어.

let. ~하도록 (허락)했어

## I let him take it.

그가 그것을 가져가게 했어.

let으로 문장을 시작하면 명령의 느낌보다는 '~하도록 허락해줘'라는 요청의 느낌을 갖습니다.



| | |
|---|---|
| I let him take a rest. | 그가 쉬도록 했어. |
| Let him take a rest. | 그가 쉬도록 해줘. |
| He let us come in. | 그는 우리를 들어오도록 했어. |
| Let us come in. | 우리가 들어가도록 해줘. |
| She let the children watch TV. | 그녀는 아이들이 TV를 보도록 했어. |
| Let the children watch TV. | 아이들이 TV를 보도록 해줘. |

### REAL Conversation

Let the children watch TV.
아이들이 TV를 보도록 해줘.

OK. It's Christmas!
좋아. 크리스마스니까!

get. (권유, 설득) ~하게 하다

## I got him to fix it.

내가 그에게 고치라고 했어.

get은 강제성 없이 상대에게 권유, 설득, 요청을 할 때 쓰입니다. have와 비슷하게 강제성 없이 사용하는데, 구어체에서 많이 쓰여요.

get은 다른 사역동사와는 틀이 조금 다른데요, '주어 + get + 대상(목적격) + to 동사원형'으로 씁니다.

I got him to drive my car. 난 그가 내 차를 운전하게 했어.

Get him to drive my car. 그가 내 차를 운전하게 해.

I got him to quit his job. 난 그가 일을 그만두게 했어.

Get him to quit his job. 그가 일을 그만두게 해.

I got my friends to come here. 난 내 친구들이 여기 오게 했어.

Get my friends to come here. 내 친구들이 여기 오게 해.

### REAL Conversation

I think I'm drunk.
나 취한 것 같아.

Get him to drive your car.
그가 네 차를 운전하게 해.

## • 사역동사 연습하기 •

의미를 생각하며 사역동사를 활용해 한국어를 영어로 바꿔 말해보세요.

| 한국어 | 영어 |
|---|---|
| 난 그가 공부하게 했어(make). | I made him study. |
| 넌 그를 공부하게 했어? | Did you make him study? |
| 난 그가 공부하게 하지 않았어. | I didn't make him study. |
| 난 그가 공부하게 했어(have). | I had him study. |
| 넌 그를 공부하게 했니? | Did you have him study? |
| 난 그가 공부하게 하지 않았어. | I didn't have him study. |
| 난 그가 공부하게 했어(let). | I let him study. |
| 넌 그를 공부하게 했니? | Did you let him study? |
| 난 그가 공부하도록 하지 않았어. | I didn't let him study. |
| 난 그가 공부하게 했어(get). | I got him to study. |
| 넌 그를 공부하게 했니? | Did you get him to study? |
| 난 그가 공부하게 하지 않았어. | I didn't get him to study. |

# 04

# 원어민처럼 자연스럽게 말하기 : 시제편

# 한국말처럼 내 느낌까지 담아 말하고 싶다면

지금까지 완벽하게 연습해오신 분들이라면 이제 영어의 뼈대는 충분히 만드셨다고 보면 됩니다. 그럼 이제 뼈대에 살을 붙이는 단계로 넘어가야겠죠? 그 시작이 바로 '시제'입니다.

시제를 배우게 되면 '나 요즘 영어 공부해', '나 영어 공부 한 적 있어'와 같은 문장을 표현할 수 있어요.

| | |
|---|---|
| 나 요즘 영어 공부해. | I am studying English these days. |
| 나 영어 공부 한 적 있어. | I have studied English. |

사실 단어와 뜻을 알면 아주 기초적인 회화를 하는 데는 문제가 없어요. 그럼 왜 굳이 복잡하게 시제를 따져가며 말을 해야 할까요?

단순히 단어와 어순을 나열하는 문장은 그야말로 '의미 전달' 수준의 회화일 뿐, 진짜 원어민과의 대화에서는 많은 한계를 느끼게 돼요. 영어 회화를 잘한다는 것은 단순한 단어 하나라도 다양하게 바꿔서 말할 수 있는 것, 내가 진짜 하고 싶은 말의 느낌을 살려서 전달하는 능력이에요. 이 능력치를 올려주는 것 중에 하나가 바로 시제입니다.

영어에는 총 12가지의 시제가 있지만 우리는 실생활에서 많이 사용하는 시제만 살펴볼 거예요. 과거, 현재, 미래, 과거진행, 현재진행, 현재완료까지 딱 여섯 가지 시제만 알면 됩니다.

| | | |
|---|---|---|
| 과거 | I taught. | 나는 가르쳤다. |
| 현재 | I teach. | 나는 가르친다. |
| 미래 | I will teach. | 나는 가르칠 것이다. |
| 과거진행 | I was teaching. | 나는 가르치고 있는 중이었다. |
| 현재진행 | I am teaching. | 나는 가르치고 있는 중이다. |
| 현재완료 | I have taught. | 나는 가르친 적 있다. |

우리는 이 핵심 시제를 활용해 다양한 뉘앙스와 느낌을 표현하는 연습을 해볼 거예요. 그럼 준비되셨죠? 바로 시작합니다.

# 다양한
# 느낌 차이를
# 가능하게 하는
# 필수 시제 6

과거형 외우지 말고 입에서 툭툭 튀어나오게 하자

현재형 나는 과거에도, 지금도, 미래에도 야나두야

미래형 즉흥적 미래와 계획한 미래의 느낌 차이

과거진행형 알고 나면 쓸모 있는 표현

현재진행형 원어민이 쓸 때 느낌이 달라지는 시제의 꽃

현재완료형 은근히 사용 빈도 높은 표현

예나쌤 질문 있어요!

**Q.** 핵심 동사까지 공부했지만 한국말처럼
미묘한 뉘앙스의 차이를 표현하는 데는
한계가 있는 것 같아요.
뉘앙스를 구체적으로 표현할 방법이 없을까요?

**A.** 왜 없겠어요. 바로 시제라는 것이 있습니다.
이제부터는 시제를 나타내는 표현을 배워볼 거예요.
같은 '먹다'라는 표현도 '먹을 거야', '먹고 있었어',
'계속 먹어왔어'라고 하면 전달하는 의미가 완전히 달라지죠.
**이런 뉘앙스의 차이를 표현하려면 시제를 알아야 합니다.**

# 외우지 말고 입에서 톡톡 튀어나오게 하자

## : 과거형

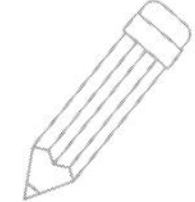



과거시제는 의외로 간단하지만 막상 '~했어'라고 과거형으로 말하려고 하면 선뜻 입이 안 떨어져요.

'먹었다'를 표현할 때 우리는 먼저 'eat'이라는 영어를 떠올립니다. 그리고 그것을 과거형 'ate'으로 바꾸고, 주어를 붙여 I ate.라고 말하는 여러 단계를 거칩니다. 그러다 보니 많은 분이 실제 회화에서 의미나 뉘앙스와 상관없이 무조건 현재형으로 말하는 경향이 있어요. 그래서 이미 알고 있는 표현이 자연스럽게, 즉각적으로 입에서 톡톡 나올 수 있게 연습하는 것이 중요합니다.

과거형
과거 ~했어.
I was sleepy.
난 졸렸어.
I bought it.
난 그것을 샀어.

## 1. be동사 과거형 **I was sleepy.** 난 졸렸어.

일반동사는 단어마다 과거형을 따로 외워야 하지만, be동사는 간단합니다. 주어에 따라 두 가지 중 하나를 쓰면 되거든요. 주어가 단수일 때는 was, 복수일 때는 were! 간단하죠?

| | |
|---|---|
| I was absent. | 난 결석했어. |
| I wasn't absent. | 난 결석하지 않았어. |
| Were you absent? | 너 결석했니? |
| You were great. | 넌 멋졌어. |
| You weren't great. | 넌 멋지지 않았어. |
| Were you great? | 너 멋졌었니? |
| It was on the desk. | 그것은 책상 위에 있었어. |
| It wasn't on the desk. | 그것은 책상 위에 없었어. |
| Was it on the desk? | 그것이 책상 위에 있었니? |
| They were at school. | 그들은 학교에 있었어. |
| They weren't at school. | 그들은 학교에 없었어. |
| Were they at school? | 그들은 학교에 있었니? |

## 2. 일반동사 과거형 **I bought it.** 난 그것을 샀어.

앞서도 강조했지만 일반동사의 과거, 과거분사를 열심히 외우는 건 회화에 큰 도움이 되지 않아요. '주어 + 동사'가 입에 붙어 있지 않기 때문이에요. 시제 강의의 핵심은 마치 우리말을 하듯 툭툭, 말을 뱉는 거예요. 빈 자리를 채워가며 계속 말하는 연습을 해보세요. 단어를 보자마자 바로 I ate~, I bought~, I walked~ 하고 나올 수 있게요. '툭툭' 절대 잊지 마세요!



| | |
|---|---|
| I tasted it. | 난 그것을 맛봤어. |
| I didn't taste it. | 난 그것을 맛보지 않았어. |
| Did you taste it? | 넌 그것을 맛봤니? |
| I broke it. | 난 그것을 망가뜨렸어. |
| I didn't break it. | 난 그것을 망가뜨리지 않았어. |
| Did you break it? | 넌 그것을 망가뜨렸니? |
| We asked him. | 우리는 그에게 물어봤어. |
| We didn't ask him. | 우리가 그에게 물어보지 않았어. |
| Did we ask him? | 우리가 그에게 물어봤니? |
| She missed it. | 그녀가 그것을 놓쳤어. |
| She didn't miss it. | 그녀가 그것을 놓치지 않았어. |
| Did she miss it? | 그녀가 그것을 놓쳤니? |

# 나는 과거에도, 지금도, 미래에도 야나두야

## : 현재형

현재는 지금 이 순간뿐 아니라 과거와 미래를 아우르는 시제예요. I am 야나두.라고 하면 현재 '나는 야나두'이고 동시에 과거에도 야나두였으며 미래에도 야나두일 것이기 때문이죠. '언제나', '늘', '항상'. 이게 바로 현재시제의 뉘앙스입니다. 현재시제에서는 이 느낌을 잊어서는 안 돼요.

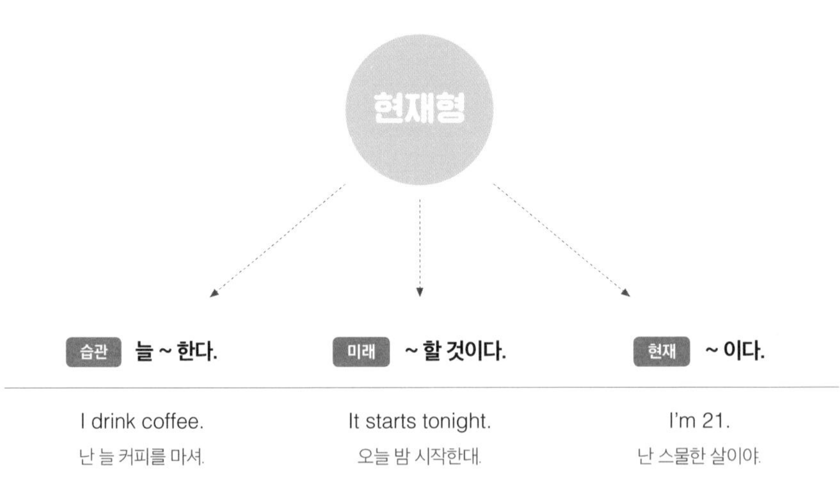

현재형
습관 늘 ~ 한다.
미래 ~ 할 것이다.
현재 ~ 이다.
I drink coffee.
난 늘 커피를 마셔.
It starts tonight.
오늘 밤 시작한대.
I'm 21.
난 스물한 살이야.

## 느낌 1. 습관 **I drink coffee.** 난 늘 커피를 마셔.

'늘 ~한다'는 느낌으로 어떤 상태의 지속성을 표현할 때 현재형을 사용합니다. 과거에서부터 현재를 거쳐 미래에까지 그럴 경우에 사용하죠. 그래서 성향이나 직업을 나타낼 때 현재형을 써요. I am Korean(나는 한국 사람이야).이나 I am tall(나는 키가 커).처럼 말이죠. 누군가가 "직업이 뭐예요?"라고 물으면 원어민들은 I am a teacher. 대신 I teach.라는 말을 더 많이 써요. 과거에도 가르쳤고 지금도 가르치고 있는 사람이 선생님이기 때문입니다.



| | |
|---|---|
| I eat breakfast. | 난 아침을 먹어. |
| I don't eat breakfast. | 난 아침을 먹지 않아. |
| Do you eat breakfast? | 넌 아침 먹니? |
| He works for 야나두. | 그는 야나두에서 일해. |
| He doesn't work for 야나두. | 그는 야나두에서 일하지 않아. |
| Does he work for 야나두? | 그가 야나두에서 일하니? |
| She plays the piano. | 그녀는 피아노 쳐. |
| She doesn't play the piano. | 그녀는 피아노 치지 않아. |
| Does she play the piano? | 그녀는 피아노 치니? |
| They eat pork. | 그들은 돼지고기를 먹어. |
| They don't eat pork. | 그들은 돼지고기를 먹지 않아. |
| Do they eat pork? | 그들은 돼지고기를 먹니? |

## 느낌 2. 미래 It starts tonight. 오늘 밤 시작한대.

미래시제라고 무조건 will부터 떠올리셨나요? 원어민들은 미래의 일을 표현할 때 실제로 will보다 현재시제를 훨씬 더 자주 사용한답니다. It starts tonight.처럼 미래를 나타내는 단어 tonight과 같이 쓰면 현재시제로도 충분히 미래를 표현할 수 있어요.

| | |
|---|---|
| I leave tonight. | 난 오늘 밤 떠나. |
| I don't leave tonight. | 난 오늘 밤 떠나지 않아. |
| Do you leave tonight? | 넌 오늘 밤 떠나니? |
| I graduate next year. | 난 내년에 졸업해. |
| I don't graduate next year. | 난 내년에 졸업하지 않아. |
| Do you graduate next year? | 넌 내년에 졸업하니? |
| School begins next week. | 학교가 다음 주에 시작해. |
| School doesn't begin next week. | 학교는 다음 주에 시작 안 해. |
| Does school begin next week? | 학교는 다음 주에 시작해? |
| It opens tomorrow morning. | 내일 아침에 문 열어. |
| It doesn't open tomorrow morning. | 내일 아침에 문 열지 않아. |
| Does it open tomorrow morning? | 내일 아침에 문 열어? |

## 느낌 3. 현재 **I'm 21.** 난 스물한 살이야.

현재의 세 번째 느낌은 우리가 알고 있는 말 그대로 현재를 의미합니다. 그 안에도 두 가지 느낌이 있는데요, 하나는 바로 지금 이 순간을 의미합니다. '지금 나 배고파' 같은 것이죠. 다른 하나는 '언제나', '늘'의 느낌입니다. 나이, 성별 등이 그런 느낌입니다. 어렵지 않으니 가볍게 훑고 지나가세요.



| | |
|---|---|
| I'm single. | 난 미혼이야. |
| I'm not single. | 난 미혼이 아니야. |
| Are you single? | 넌 미혼이니? |
| I'm at school. | 난 학교에 있어. |
| I'm not at school. | 난 학교에 있지 않아. |
| Are you at school? | 넌 학교에 있니? |
| You're lucky. | 넌 운이 좋아. |
| You're not lucky. | 넌 운이 없어. |
| Are you lucky? | 넌 운이 좋니? |
| They're scared. | 그들은 겁먹었어. |
| They're not scared. | 그들은 겁먹지 않았어. |
| Are they scared? | 그들이 겁먹었니? |

# 즉흥적 미래와 계획한 미래의 느낌 차이

## : 미래형

'나는 내일 떠날 거야'를 영어로 어떻게 표현할까요? I will leave tomorrow. 또는 I am going to leave tomorrow.를 떠올리셨나요?

우리는 이 두 문장을 같은 의미로 알고 있지만, 사실 뉘앙스가 조금 다릅니다. 학교에서는 해석만 잘하면 되니까 둘의 차이를 배우지 않는데요, 두 문장의 '느낌 차이'를 확실히 느껴봅시다.

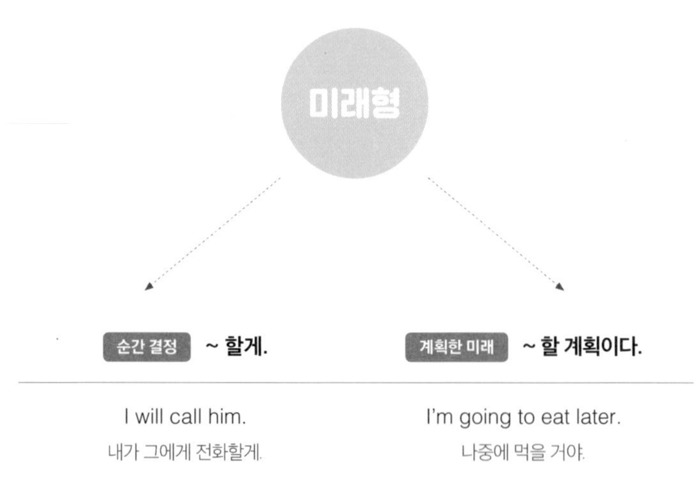
미래형
순간 결정 ~ 할게.
계획한 미래 ~ 할 계획이다.
I will call him.
내가 그에게 전화할게.
I'm going to eat later.
나중에 먹을 거야.

## 느낌 1. 순간 결정 **I will call him.** 내가 그에게 전화할게.

will이 가진 느낌은 '순간 결정'이에요. 단박에 느낌이 안 오시죠? 선생님이 학생들에게 '이 문제 누가 풀어볼래?' 하고 질문하면 '저요!' 할 때의 느낌이라고 하면 감이 좀 잡히시나요? 이걸 영어로 표현하면 I will(저요!).이 됩니다. 계획에 없던 일을 순간적으로 결정할 때 원어민들은 will을 써요.



| | |
|---|---|
| I'll come again. | 나 다시 올게. |
| I won't come again. | 나 다시 오지 않을 거야. |
| Will you come again? | 너 다시 올 거니? |
| I'll answer the phone. | 내가 전화 받을게. |
| I won't answer the phone. | 내가 전화 받지 않을 거야. |
| Will you answer the phone? | 너 전화 받을 거니? |
| She'll be angry. | 그녀가 화낼 거야. |
| She won't be angry. | 그녀가 화내지 않을 거야. |
| Will she be angry? | 그녀가 화를 낼까? |
| They'll regret it. | 그들은 그것을 후회할 거야. |
| They won't regret it. | 그들은 그것을 후회하지 않을 거야. |
| Will they regret it? | 그들은 그것을 후회할까? |

## 느낌 2. 계획한 미래 **I'm going to eat later.** 나중에 먹을 거야.

미리 준비하고 계획한 일을 표현할 때는 be going to를 써요. I'll marry her.는 '나 (방금) 그녀랑 결혼하기로 결정했어'의 느낌이 강한 반면, I'm going to marry her.는 '나 그녀랑 결혼할 거야'라는 의미예요. 원어민들은 be going to를 줄여서 gonna라고 말하는데요, 이때 o는 a에 가깝게 발음해주세요. 연습할 때 원어민처럼 말하는 것도 잊지 마시고요!

| | |
|---|---|
| I'm going to quit my job. | 난 회사 관둘 거야. |
| I'm not going to quit my job. | 난 회사 관두지 않을 거야. |
| Are you going to quit your job? | 넌 회사 관둘 거니? |
| She's going to buy it. | 그녀는 그것을 살 거야. |
| She's not going to buy it. | 그녀는 그것을 사지 않을 거야. |
| Is she going to buy it? | 그녀가 그것을 살 계획이니? |
| They're going to accept it. | 그들은 그것을 받아들일 거야. |
| They're not going to accept it. | 그들은 그것을 받아들이지 않을 거야. |
| Are they going to accept it? | 그들은 그것을 받아들일 계획이니? |
| They're going to rent a car. | 그들은 차를 빌릴 거야. |
| They're not going to rent a car. | 그들은 차를 빌리지 않을 거야. |
| Are they going to rent a car? | 그들은 차를 빌릴 계획이니? |

# 알고 나면 쓸모 있는 표현
## : 과거진행형



과거진행형의 공식은 간단합니다. 현재진행형 시제 'be + ~ing'에서 be동사를 인칭에 따라 과거형인 was나 were로 바꿔주면 되니까요.

하지만 막상 말로 하려면 잘 안 나오죠. 왜냐하면 다양한 표현을 모르기 때문이에요. 지금까지 '주어 + 동사'를 기반으로 한 뼈대를 강조했다면, 여기서는 다양한 표현들을 익혀볼까 합니다. 그래야 지금까지 갈고닦은 기초 실력이 빛을 발하거든요.

과거
진행형

**과거진행** **~ 하고 있었어.**

I was driving.
난 운전하고 있었어.

## 과거진행. ~하고 있었어 **I was driving.** 난 운전하고 있었어.

큰 어려움이 없는 시제입니다. 주어에 따른 be동사의 변형만 유의해서 연습하면 됩니다. 부정문은 be동사 뒤에 not을 붙이고, 의문문은 be동사를 문장 앞으로 빼주기만 하면 돼요. 여기서는 다양한 표현을 익히는 데 중점을 둘게요.

| | |
|---|---|
| I was cooking. | 난 요리하고 있었어. |
| I wasn't cooking. | 난 요리하고 있지 않았어. |
| Were you cooking? | 넌 요리하고 있었니? |
| I was waiting for my friend. | 난 친구를 기다리고 있었어. |
| I wasn't waiting for my friend. | 난 친구를 기다리고 있지 않았어. |
| Were you waiting for your friend? | 넌 친구를 기다리고 있었니? |
| He was taking a picture. | 그는 사진을 찍고 있었어. |
| He wasn't taking a picture. | 그는 사진을 찍고 있지 않았어. |
| Was he taking a picture? | 그가 사진을 찍고 있었니? |
| They were taking a class. | 그들은 수업을 듣고 있었어. |
| They weren't taking a class. | 그들은 수업을 듣고 있지 않았어. |
| Were they taking a class? | 그들이 수업을 듣고 있었니? |

# 원어민이 쓸 때 느낌이 달라지는 시제의 꽃

## : 현재진행형



정말 중요하고 원어민의 사용 빈도도 높은 시제가 바로 현재진행형이에요. I'm working.이 무슨 뜻일까요? 네, 맞아요. '나 지금 일하는 중이야'죠. 그런데 여기에 숨은 의미가 두 개나 더 있다는 사실, 알고 계셨나요? 바로 '나는 일을 할 거야'와 같은 미래의 느낌과 '나 요즘 일 하고 있어'의 근황에 관한 느낌입니다.

현재 진행형
현재진행 ~하고 있어.
미래 ~할 거야.
근황 요즘 ~하고 있어.
I'm studying now.
난 지금 공부하고 있어.
I'm coming soon.
곧 갈 거야.
I'm working these days.
난 요즘 일하고 있어.

## 느낌 1. 현재진행 **I'm studying now.** 난 지금 공부하고 있어.

가장 일반적으로 쓰는 현재진행형은 현재 벌어지고 있는 일이나 상태를 표현해요. 'be동사 + ~ing' 의 기본적인 틀만 알면 누구나 쓸 수 있어요. 인칭에 따라 be동사만 바꿔주면 됩니다.

| | |
|---|---|
| I'm having lunch now. | 난 지금 점심을 먹고 있어. |
| I'm not having lunch now. | 난 지금 점심을 먹고 있지 않아. |
| Are you having lunch now? | 넌 지금 점심을 먹고 있니? |
| I'm waiting for her now. | 난 지금 그녀를 기다리고 있어. |
| I'm not waiting for her now. | 난 지금 그녀를 기다리고 있지 않아. |
| Are you waiting for her now? | 넌 지금 그녀를 기다리고 있니? |
| She's living in Seoul now. | 그녀는 지금 서울에 살고 있어. |
| She's not living in Seoul now. | 그녀는 지금 서울에 살고 있지 않아. |
| Is she living in Seoul now? | 그녀는 지금 서울에 살고 있니? |
| It's raining now. | 지금 비가 내리고 있어. |
| It's not raining now. | 지금 비가 내리고 있지 않아. |
| Is it raining now? | 지금 비가 내리고 있니? |

## 느낌 2. 미래 **I'm coming soon.** 곧 갈 거야.

두 번째 느낌은 '미래'예요. 꼴은 현재진행형이지만 상황이나 뒤에 붙는 단어에 따라 미래의 의미로 해석할 수 있어요. 원어민들은 will이나 be going to보다 'be동사 + ~ing' 형태의 현재진행형을 훨씬 많이 씁니다. tonight, tomorrow 같은 미래 단어를 같이 쓰면 이해하기 쉽지만, 그렇지 않은 경우도 많기 때문에 문맥이나 상황에 따라 빠르게 의미를 파악하는 것이 중요해요.



| | |
|---|---|
| I'm coming soon. | 난 곧 갈 거야. |
| I'm having a party soon. | 난 곧 파티할 거야. |
| She's visiting him soon. | 그녀는 곧 그를 방문할 거야. |
| She's marrying him soon. | 그녀는 곧 그와 결혼할 거야. |
| It's raining tomorrow. | 내일 비 올 거야. |
| It's arriving today. | 그것은 오늘 도착할 거야. |
| They are playing soccer tonight. | 그들은 오늘 밤 축구를 할 거야. |
| They are watching a movie tonight. | 그들은 오늘 밤 영화를 볼 거야. |

## 느낌 3. 근황 **I'm working these days.** 난 요즘 일하고 있어.

'나 요즘에 ~해'라고 근황을 전할 때도 현재진행형을 씁니다. 이 경우는 대체할 수 있는 표현이 없기 때문에 반드시 알아둬야 해요. 뒤에 these days처럼 시간을 나타내는 단어를 붙이면 훨씬 정확하게 의미를 전달할 수 있지만, 없어도 충분히 의미 전달은 가능합니다.

| | |
|---|---|
| I'm reading books these days. | 난 요즘 책을 읽고 있어. |
| I'm not reading books these days. | 난 요즘 책을 읽고 있지 않아. |
| Are you reading books these days? | 넌 요즘 책 읽고 있니? |
| He's learning English nowadays. | 그는 요즘 영어를 배우고 있어. |
| He's not learning English nowadays. | 그는 요즘 영어를 배우고 있지 않아. |
| Is he learning English nowadays? | 그는 요즘 영어를 배우고 있니? |
| It's snowing these days. | 요즘 눈이 와. |
| It's not snowing these days. | 요즘 눈이 안 와. |
| Is it snowing these days? | 요즘 눈이 오니? |
| They're playing tennis nowadays. | 그들은 요즘 테니스를 치고 있어. |
| They're not playing tennis nowadays. | 그들은 요즘 테니스를 치고 있지 않아. |
| Are they playing tennis nowadays? | 그들은 요즘 테니스를 치고 있니? |

# 은근히 사용 빈도 높은 표현
## : 현재완료형

아주 친숙한 형태의 시제죠. 바로 현재완료(have + p.p.)입니다. 완료형 시제이지만 거의 필수 시제로 분류될 만큼 원어민들의 사용 빈도가 높아요.

주어의 인칭에 따라 have나 has를 쓰면 되는데요, 현재완료형 시제에 포함된 느낌은 크게 두 가지예요. 경험을 의미하는 '~한 적이 있다'와 계속되는 느낌을 담은 '옛날부터 쭉~'입니다.

현재
완료형
경험 ~ 적 있다.
I've heard it before.
전에 들은 적 있어.
계속 계속 ~ 해왔다.
I've learned it for 5 years.
난 5년 동안 배워왔어.

## 느낌 1. 경험 I've **heard** it before. 전에 들은 적 있어.

'~한 적 있어'라고 표현하고 싶을 때 쓰는 시제가 바로 현재완료입니다. 보통 have + p.p.를 쓰지만, 주어가 3인칭 단수일 때는 has로 바뀌 쓰는 거 잊지 마세요.

I've watched it before. 난 그걸 본 적 있어.
I haven't watched it before. 난 그걸 본 적 없어.
Have you watched it before? 넌 그걸 본 적 있니?

I've used it before. 난 그걸 사용한 적 있어.
I haven't used it before. 난 그걸 사용한 적 없어.
Have you used it before? 넌 그걸 사용한 적 있니?

He's met her before. 그는 그녀를 만난 적 있어.
He hasn't met her before. 그는 그녀를 만난 적 없어.
Has he met her before? 그가 그녀를 만난 적 있니?

They've eaten it before. 그들은 그걸 먹어본 적 있어.
They haven't eaten it before. 그들은 그걸 먹어본 적 없어.
Have they eaten it before? 그들이 그걸 먹어본 적 있니?

느낌 2. 계속

## I've learned it for 5 years.

난 5년 동안 배워왔어.

원어민들은 have + p.p.를 들으면 '옛날부터 지금까지'라는 이미지를 바로 떠올려요. 한국어에는 없는 느낌이라, 보통 해석할 때 과거로 쓰는데 그 말만으로는 이 시제의 느낌을 충분히 느낄 수가 없어요. 과거부터 지금까지를 아우르는 시제라고 생각하시면 됩니다. for, since 등과 함께 쓰이면 ~부터 계속해 왔음을 의미합니다.



| | |
|---|---|
| I've stayed for 5 years. | 난 5년째 머물러왔어. |
| I haven't stayed for 5 years. | 난 5년째 머물러온 게 아니야. |
| Have you stayed for 5 years? | 5년째 머물러왔니? |
| I've known him for 5 years. | 난 5년째 그를 알아왔어. |
| I haven't known him for 5 years. | 난 5년째 그와 알아온 게 아니야. |
| Have you known him for 5 years? | 5년째 그를 알아왔니? |
| They've worked here for 5 years. | 그들은 5년째 여기서 일해왔어. |
| They haven't worked here for 5 years. | 그들은 5년째 여기서 일해온 게 아니야. |
| Have they worked here for 5 years? | 그들이 5년째 여기서 일해왔니? |

# 야나두 영어회화

느낌동사만 알면 야, 너두 할 수 있어!

**초판 1쇄 발행** 2019년 1월 21일
**초판 12쇄 발행** 2023년 12월 1일

**지은이** 원예나
**펴낸이** 최지연
**마케팅** 김나영 김경민 윤여준
**경영지원** 이선
**디자인** 데시그 이하나 윤여경
**교정** 윤정숙
**정리** 김은향

**펴낸곳** 라곰
**출판등록** 2018년 7월 11일 제2018-000068호
**주소** 서울시 마포구 큰우물로75 1406호
**전화** 02-6949-6014 **팩스** 02-6919-9058
**이메일** book@lagombook.co.kr



**ISBN** 979-11-89686-02-4 03740



이 도서의 국립중앙도서관 출판도서목록(CIP)은 서지정보유통지원시스템 홈페이지(http://seoji.nl.go.kr)와 국가자료공동목록시스템(http://www.nl.go.kr/kolisnet)에서 이용하실 수 있습니다.(CIP제어번호 : CIP 2019000031)

- 라곰은 (주)타인의취향의 출판 브랜드입니다.
- 책값은 뒤표지에 있습니다.
- 잘못된 책은 구입하신 곳에서 바꾸어 드립니다.